Band 146 der Bibliothek Suhrkamp

Theodor W. Adorno

Noten
zur Literatur III

Suhrkamp Verlag

Erstes bis fünftes Tausend 1965
© Suhrkamp Verlag Frankfurt am Main 1965. Alle Rechte vorbehalten.
Printed in Germany. Satz und Druck in Baskerville Linotype von Poeschel
& Schulz-Schomburgk, Eschwege. Bindearbeiten Ludwig Fleischmann, Fulda

11/6 TB

Inhalt

Titel   7
Zu einem Porträt Thomas Manns   19
Bibliographische Grillen   30
Rede über ein imaginäres Feuilleton   46
Sittlichkeit und Kriminalität   57
Der wunderliche Realist   83
Engagement   109
Voraussetzungen   136
Parataxis   156
Drucknachweise   210

Titel
Paraphrasen zu Lessing

Für Marie Luise Kaschnitz

»»*Nanine?*‹ fragten sogenannte Kunstrichter, als dieses Lustspiel im Jahre 1747 zuerst erschien. Was ist das für ein Titel? Was denkt man dabei? – Nicht mehr und nicht weniger, als man bei einem Titel denken soll. Ein Titel muß kein Küchenzettel sein. Je weniger er von dem Inhalt verrät, desto besser ist er.«[1]) So Lessing, der Titelfragen häufig erörtert, im einundzwanzigsten Stück der Hamburgischen Dramaturgie. Seine Abneigung gegen Titel, die etwas bedeuten, war die gegen den Barock; der Theoretiker des bürgerlichen deutschen Dramas will durch nichts mehr an die Allegorie erinnert werden, obwohl der Autor der Minna die Alternative ›Oder das Soldatenglück‹ nicht verschmäht. Tatsächlich hat der Stumpfsinn begrifflicher Titel später, im deutschen Klassizismus, ihm recht gegeben; der, unter dem die Louise Millerin seitdem gespielt wird, geht nicht Schiller zu Lasten. Aber wollte man Stücke, oder Romane, heute noch, wie Lessing vorschlug, nach Hauptfiguren nennen, man wäre schwerlich besser daran. Nicht nur ist bei den eingreifenden Produkten der Epoche fraglich, ob sie so etwas wie Hauptfiguren noch haben, oder ob diese mit den Helden hinab mußten. Darüber hinaus unterstreicht die Zufälligkeit eines Eigennamens über einem Text die Urfiktion, daß es um einen Lebendigen ginge, bis zum Unerträglichen. Konkrete Namenstitel klingen bereits ein wenig wie die Namen in Witzen, »Bei Pachulkes ist ein Kleines angekommen.« Der Held wird herabgewürdigt, indem man ihm einen Namen gibt, wie wenn er noch eine leibhafte Person wäre; weil er den Anspruch nicht

[1]) Lessings Werke, Vierter Band, Leipzig und Wien, o. J., S. 435 f.

erfüllen kann, wird der Name lächerlich, wofern es nicht, bei prätentiösen Namen, unverschämt ist, sie überhaupt zu tragen. Was aber sollen vollends bei Abstraktionen von der empirischen Realität Titel, die so tun, als ob sie aus dieser geradenwegs entlehnt wären. Stoffe von der Dignität des Namens gibt es erst recht nicht mehr. Die abstrakten jedoch sind nicht besser als in der zweiten Hälfte des achtzehnten Jahrhunderts, da Lessing sie ins Archiv der gelehrten Poesie hinabstieß. Regelmäßig reden sie sich auf ihre jeweils verwendete Technik heraus, latente Gattungsbezeichnungen zu einer Stunde des Geistes, in der keine Gattung so verbürgt ist, daß man bei ihr Unterschlupf suchen dürfte, während doch ›Konstruktion 22‹ oder ›Texturen‹ so sich gebärden, als eigneten ihnen samt der hermetischen Kühnheit die Verbindlichkeit von Universalia ante rem. Verfahrungsweisen sind Mittel, nicht Zweck. Dieser jedoch, das Gedichtete, dürfte um keinen Preis, bei der Strafe sofortigen Untergangs des Gebildes, im Munde geführt werden, selbst wenn je ein Dichter es vermöchte. Titel müssen wie Namen es treffen, nicht es sagen. So wenig das aber der abdestillierte Gedanke leistet, so wenig leistet es auch das bloße Diesda. Die Aufgabe eines jeden Titels ist paradox; sie entzieht sich ebenso der rationalen Allgemeinheit wie der in sich verschlossenen Besonderung. Das wird als Unmöglichkeit der Titel heute offenbar. Eigentlich wiederholt sich im Titel die Paradoxie des Kunstwerks, drängt sich zusammen. Der Titel ist der Mikrokosmos des Werkes, Schauplatz der Aporie von Dichtung selbst. Können Dichtungen, die nicht mehr heißen können, noch sein? Einer von Beckett, ›L'innomable‹, ist nicht bloß der Sache gemäß sondern auch die Wahrheit über die Namenlosigkeit gegenwärtiger Dichtung. Kein Wort mehr taugt darin, das nicht das Unsägliche sagte, daß es nicht sich sagen läßt.

*

Sicherlich ist Unwillkürlichkeit nur ein Moment an den Dichtungen. Zu verlangen aber wäre sie von den Titeln. Diese müssen entweder der Konzeption so tief eingesenkt sein, daß das eine nicht ohne das andere gedacht werden kann, oder sie müssen einem einfallen. Nach Titeln suchen ist so hoffnungslos, wie wenn man sich auf ein vergessenes Wort besinnt, von dem man zu wissen glaubt, alles hänge daran, daß man seiner sich erinnere. Denn jedes Werk, wenn nicht jeder fruchtbare Gedanke, ist sich verborgen; nie sich selbst durchsichtig. Der gesuchte Titel aber will immer das Verborgene hervorzerren. Das verweigert das Werk zu seinem Schutz. Die guten Titel sind so nahe an der Sache, daß sie deren Verborgenheit achten; daran freveln die intentionierten. Deshalb ist es soviel leichter, Titel für die Arbeiten anderer zu finden als für die eigenen. Der fremde Leser weiß nie die Intention des Autors so gut wie dieser; dafür kristallisiert sich ihm leichter das Gelesene zur Figur wie ein Vexierbild, und mit dem Titel antwortet er auf die Rätselfrage. Den wahren Titel aber weiß das Werk selbst so wenig wie der Zadik seinen mystischen Namen.

*

Peter Suhrkamp hatte für Titel eine unvergleichliche Begabung. Sie war vielleicht das Siegel der verlegerischen. Als Verlegertugend wäre die Fähigkeit zu definieren, dem Text seinen Titel zu entlocken. Er entscheidet über die Publikation danach, ob aus dem Text einer hervorspringt. Eine von Suhrkamps Idiosynkrasien richtete sich gegen Titel mit Und. Ein solcher war wohl schon das Verhängnis von Kabale und Liebe. Wie in der Allegorese erlaubt das Und alles mit allem zu verbinden und ist darum ohnmächtig zum Meisterschuß. Aber wie alle ästhetischen Präskripte ist auch das Tabu übers Und nur eine Stufe zur eigenen Aufhebung. In manchen Titeln, und am Ende den höchsten, saugt das blasse Und begriffslos die Bedeutung in sich hinein, die als begriffene zerstäubte. In Romeo und Julia ist das Und das Ganze, dessen Moment es ist. Und in ›Sittlichkeit und Kriminalität‹ von Kraus wirkt das Und als verschluckte Pointe. Arglistig banal werden die beiden antithetischen Worte miteinander verkoppelt, als handelte es sich einfach um ihre Differenz. Durch die Beziehung auf den Inhalt des Buches jedoch schlägt ein jedes ins Gegenteil um. Der Titel Tristan und Isolde aber, gotisch gedruckt, gleicht der wehenden schwarzen Flagge vom Bug eines Segelschiffs.

*

Das Buch ›Prismen‹ war ursprünglich ›Kulturkritik und Gesellschaft‹ genannt. Suhrkamp hatte das wegen des Und beanstandet, es ist zum Untertitel relegiert worden. Da der ursprüngliche von Anbeginn, mit dem Aufbau des Ganzen, feststand, bereitete es die größte Mühe, einen anderen zu finden. In einem täuschte Lessing sich gewiß, der rhetorischen Frage »Was ist leichter zu ändern als ein Titel?«[2] ›Prismen‹ war ein Kompromiß. Dafür läßt sich anführen, daß das Wort wenigstens in handfestem Sinn das Gemeinsame der Teile richtig charakterisiert. Die meisten der Essays außer dem quasi-einleitenden handeln von bereits vorgeformten geistigen Phänomenen. Nirgends aber bildet, wie es sonst der Essayform wohl gemäß wäre, deren Dechiffrierung die Aufgabe, sondern durch jeden Text, jeden Autor hindurch soll etwas von der Gesellschaft schärfer erkannt werden; die behandelten Werke sind Prismen, durch die man auf Wirkliches hindurchblickt. Trotzdem bin ich mit dem Titel unzufrieden. Denn das, wofür er begrifflich steht, ist nicht abzutrennen von einem Unbegriffli-

[2] a.a.O., S. 417.

chen, dem geschichtlichen Stellenwert des Wortes Prismen, seinem Verhältnis zur zeitgenössischen Sprache. Allzu willig läßt das Wort von deren Strom sich treiben, wie Zeitschriften, die modernistisch aufgemacht sind, damit man auf dem Markt sie bemerkt. Das Wort ist einverstanden durchs Aparte, das nichts kostet; schon am ersten Tag hört man ihm an, wie rasch es veraltet. Solche Affichen benutzen Leute, die den Jazz für moderne Musik halten. Der Titel ist Denkmal einer Niederlage im permanenten Prozeß zwischen Gebilde und Autor. Ich spreche das aus, hoffend, dem Titel dadurch einen Giftstoff beizumengen, der ihm mumienhafte Dauer verleiht, so daß er dem Buch nicht gar zuviel schadet.

*

Auch den ›Noten zur Literatur‹ war es nicht an der Wiege gesungen, daß sie das wurden. Ich hatte sie, nach der Überschrift einer Aphorismenfolge, die ich vor der Zeit des Hitler in der Frankfurter Zeitung veröffentlichte, ›Worte ohne Lieder‹ getauft. Mir gefiel das, und ich hing daran; Suhrkamp fand es zu feuilletonistisch und zu billig. Er grübelte und stellte eine Liste zusammen, aus der ich nichts annehmen wollte, bis er verschmitzt als letzten Vorschlag ›Noten zur Literatur‹ anmeldete. Das war unvergleichlich viel besser als mein etwas dümmliches Bonmot. Was mich aber daran entzückte, war, daß Suhrkamp, indem er meine Idee kritisierte, sie festhielt. Die Konstellation von Musik und Wort ist ebenso gerettet wie das leise Altmodische einer Form, deren Glanzperiode der Jugendstil war. Mein Titel zitierte Mendelssohn, der Suhrkampsche, einige Etagen höher, die Goetheschen Noten zum Diwan. An der Kontroverse habe ich gelernt, daß anständige Titel solche sind, in welche die Gedanken einwanderten, um darin unkenntlich zu verschwinden. Mit ›Klangfiguren‹ ging es nicht viel anders. Suhrkamp beanstandete, womit ich an den Anfang der ›Prismen‹ anknüpfen wollte: ›Mit den Ohren gedacht‹. Dazu assoziiere man »mit dem Schwanz gewackelt«. Zu ›Klangfiguren‹ gelangte ich, nach Schönbergs Wort, durch entwickelnde Variation. Sollte ›Mit den Ohren gedacht‹ die sinnliche Wahrnehmung von Kunst als zugleich geistige bestimmen, so sind Klangfiguren Spuren, welche das Sinnliche, die Schallwellen in einem anderen Medium, dem reflektierenden Bewußtsein, hinterlassen. Ist einem einmal ein Titel eingefallen, so läßt er sich auch verbessern; was besser an ihm wird, ist ein Stück eingesickerter Geschichte.

*

Zwei Titel von Kafkas Romanen, Prozeß und Schloß, stammen, soviel mir bekannt, nicht von ihm; schlecht hätte zu ihm gepaßt, dem wesentlich Fragmentarischen einen Namen zu geben. Dennoch halte ich die Titel, wie die Kafkaschen durchweg, für gut. Brod zufolge waren es die Worte, mit denen er im Gespräch die Werke erwähnte. Titel solchen Typus verschmelzen mit den Werken selber; die Scheu, diese zu überschreiben, wird zum Ferment ihres Namens. Was heute, auf dem Kulturmarkt, als »Arbeitstitel« läuft, ist der Verschleiß dieser genuinen Form. – Bewunderung hege ich für den Titel von Kafkas berühmtestem Prosastück. Er ist nicht das Wort, um das es sich ordnet, Odradek, sondern einem zumindest scheinbar peripheren Motiv abgewonnen. Zur Affinität zwischen Kafka und Lessing stimmt nicht schlecht, daß dieser an Plautus rühmt, er habe »seine ganz eigene Manier in Benennung seiner Stücke« gehabt; »und meistenteil nahm er sie von dem allerunerheblichsten Umstande her«[3]). ›Die Sorge des

3) a.a.O., S. 380.

Hausvaters‹ entspricht streng der schrägen Perspektive, die allein es dem Dichter gestattete, das Ungeheure zu behandeln, das, hätte er ihm ins Angesicht geschaut, seine Prosa mit Stummheit oder Wahnsinn hätte schlagen müssen. Man weiß, daß Klee von Zeit zu Zeit Bildertaufen veranstaltete. Einer solchen könnte der Kafkasche Titel sein Dasein verdanken. Wo die neue Kunst Dinge herstellt, deren Geheimnis daran haftet, daß sie ihren Namen verloren haben, wird die Erfindung des Namens zur Staatsaktion.

*

Für den Amerika-Roman wäre der Titel ›Der Verschollene‹, den Kafka im Tagebuch benutzte, besser gewesen als der, unter dem das Buch in die Geschichte einging. Schön ist auch dieser: weil das Werk soviel mit Amerika zu tun hat wie die prähistorische Photographie ›Im Hafen von New York‹, die als loses Blatt in meiner Ausgabe des Heizer-Fragments von 1913 liegt. Der Roman spielt in einem verwackelten Amerika, demselben und doch nicht demselben wie das, an dem nach langer, öder Überfahrt das Auge des Emigranten Halt sucht. – Dazu aber paßte nichts besser als ›Der Verschollene‹, Leerstelle eines unauffindbaren Namens. Diesem participium perfecti passivi kam sein Verb abhanden wie dem Andenken der Familie der Ausgewanderte, der gestorben und verdorben ist. Der Ausdruck des Wortes verschollen, weit über seine Bedeutung hinaus, ist der des Romans selber.

*

Die Forderung von Karl Kraus an den Polemiker, er müsse fähig sein, ein Werk in einem Satz zu vernichten, wäre auf die Titel auszudehnen. Ich kenne solche, die nicht nur die Lektüre dessen ersparen, was sie dem Leser aufschwatzen, ohne ihm nur Zeit zu lassen, die Sache zu erfahren, sondern in denen das Schlechte sich zusammendrängt wie in den guten Titeln das Gute. Dabei braucht man gar nicht in die Unterwelt hinabzusteigen, in der die Wiscottens schmoren oder der Heideschulmeister Uwe Karsten. Mir genügt schon ›Opfergang‹. Das Wort tritt ohne nähere Bestimmung auf wie »Sein« am Anfang der Hegelschen Logik, jenseits aller Syntax, als wäre es jenseits der Welt. Aber der Prozeß seiner Bestimmung findet nicht statt wie bei Hegel, es bleibt absolut. Darum dünstet es jene Atmosphäre aus, die Benjamin als Verfallsform der Aura entzauberte. Weiter suggeriert das Wort Opfergang, durch die Verbindung seiner beiden Bestandstücke, die Vorstellung edler Freiwilligkeit des Opfers. Der Zwang, unter dem ein jegliches steht, wird dadurch vertuscht, daß das Opfer, dem ohnehin nichts anderes übrig bleibt, mit seinem Schicksal sich identifiziert und sich opfert. Indem der Artikel weggelassen wird, erscheint dies Ritual als mehr denn das Unheil, das dem Besonderen widerfährt; vaguement als ein Höheres, der Ordnung des Seins Zugehöriges, ein Existential oder Gott weiß was sonst. Der bloße Titel bejaht das Opfer um des Opfers willen. Die Schale mit der Flamme, die er nachahmt, Buchschmuck aus dem Jugendstil, überredet dazu, das Opfer selbst sei dessen Sinn, auch wenn es gar keinen anderen habe, wie dann Bindings nationalsozialistische Gesinnungsfreunde nicht müde wurden zu beteuern. Die Lüge des Titels ist die der ganzen Sphäre: er macht vergessen, daß Humanität der Stand einer Menschheit wäre, die aus der Konstellation von Schicksal und Opfer sich befreit hat. Der Titel war schon jener Mythos des zwanzigsten Jahrhunderts, den in den Mund zu nehmen die Gepflegten ihre Kultur verhinderte, die sie doch mit demselben Mythos sympathisieren ließ. Wer aber des Gewimmels in einem solchen Titel gewahr wird, der weiß auch, was geschah, als jener

George zu einem Titel wie ›Der Stern des Bundes‹ sich her-
abließ, der von der angebeteten Luft unserer großen Städte
geschrieben hatte, solange sein Traum von der Moderne
noch dem Babylon glich, nach dem eine Station der Pariser
Metro heißt.

٭

Wie fatal es heute um die konkreten Titel steht, lehrt
die zeitgenössische amerikanische Literatur, zumal die dra-
matische, die auf solche Titel geradezu versessen ist. Dort
sind sie nicht länger, was sie sein sollten, die blinden Flek-
ken der Sache. Sie haben sich dem Primat der Kommunikation angepaßt, der wie in der Wissenschaft von den geistigen Gebilden so in diesen selbst die Sache zu ersetzen
beginnt. Die konkreten Titel werden durch ihre Inkommensurabilität zum Mittel, sich Konsumenten einzuprägen
und damit kommensurabel, tauschbar durch Unvertausch-
barkeit. Sie schlagen zurück ins Abstrakte, geschützte Waren-
marken: Die Katze auf dem heißen Blechdach, Die Stimme
der Schildkröte. Vorbild solcher Praxis der anspruchsvollen Literatur ist unten jene Klasse von Schlagern, die als
nonsense oder novelty songs rangiert. Ihre Überschriften
und Schlagzeilen entziehen sich der begrifflichen Allgemeinheit, jede ein Unikum, Reklame für das Ding, dem
der Stempel aufgedrückt ward. Nach der gleichen Vernunft
kann man in Hollywood verkaufskräftige Filmtitel paten-
tieren lassen. Diese Übung aber hat beängstigend rückwirkende Kraft. Nachträglich erregt sie den Verdacht, es sei
die ästhetische Konkretion in der traditionellen Dichtung,
auch wo sie einmal bessere Tage sah, von der Ideologie
verschluckt worden. Was aus jenen Titeln grinst, widerfuhr
insgeheim all dem, was vertrauensselige Liebe als gegenständliche Fülle und körnig Angeschautes verehrt, und was
die Einverstandenen nicht sich nehmen lassen wollen. Es

15

ist gut genug nur noch dazu, vergessen zu machen, daß die erscheinende Welt selber so abstrakt zu werden sich anschickt wie längst das Prinzip, das sie im Innersten zusammenhält. Das dürfte helfen zu erklären, warum Kunst in all ihren Gattungen heute sein muß, worauf die Philister mit dem Schreckensruf »abstrakt« reagieren: um des Fluchs sich zu entschlagen, der unter der Herrschaft des abstrakten Tauschwerts das Konkrete ereilt hat, das ihn verbirgt.

*

In der Hamburgischen Dramaturgie meint Lessing, mit einem Satz so spezifischen Tons, wie ein Titel ihn haben müßte: »ich möchte doch lieber eine gute Komödie mit einem schlechten Titel«[4]). Er war also doch schon auf die Schwierigkeit gestoßen, die heute offenbar ist. Der Grund aber, den er angibt, lautet: »Wenn man nachfragt, was für Charaktere bereits bearbeitet worden so wird kaum einer zu erdenken sein, nach welchem besonders die Franzosen nicht schon ein Stück genannt hätten. Der ist längst dagewesen, ruft man. Der auch schon! Dieser würde vom Molière, jener vom Destouches entlehnet sein! Entlehnet? Das kömmt aus den schönen Titeln. Was für ein Eigentumsrecht erhält ein Dichter auf einen gewissen Charakter dadurch, daß er seinen Titel davon hergenommen?«[5]) Es ist also der Zwang zur Wiederholung, welcher es verwehrt, gute Titel auszudenken, wofern sie nicht reine Namen sind. Lessing, Kind seines Jahrhunderts, hat das daraus abgeleitet, »daß die Sprache für die unendlichen Varietäten des menschlichen Gemüts nicht auch unendliche Benennungen hat.«[6]) Aber was er entdeckte, ist in Wahrheit bedingt von der literarischen Warenproduktion. Wie die gesamte Onto-

[4]) a.a.O., S. 437.
[5]) a.a.O.
[6]) a.a.O.

logie der Kulturindustrie auf das frühe achtzehnte Jahrhundert zurückdatiert, so auch die Gepflogenheit, Titel zu wiederholen; die Neigung, an einem vorausgehenden parasitär sich festzusaugen, die schließlich als Krankheit alles Nennen überzieht. Wie heutzutage ein jeder Film, der viel Geld einträgt, ein Rudel anderer hinter sich herschleift, die davon noch profitieren möchten, so ergeht es auch den Titeln; was hat nicht alles die Reminiszenz an ›Endstation Sehnsucht‹ ausgebeutet, wieviele Philosophen haben nicht an ›Sein und Zeit‹ sich angehängt. Darin reflektiert sich, im Geist, jener Zwang der materiellen Produktion, daß Neuerungen, die irgendwo eingeführt wurden, so oder so über das Ganze sich ausbreiten, wofern sie gestatten, die Ware billiger herzustellen. Sobald dieser Zwang aber auf die Namen übergreift, vernichtet er sie unaufhaltsam. Wiederholung bringt den faulen Zauber der Konkretion zutage.

*

In einer Stadt des äußersten Süddeutschland wollte ich, als Geschenk, ›A l'ombre des jeunes filles en fleurs‹ kaufen. Nach der neuen deutschen Übersetzung heißt das ›Im Schatten junger Mädchenblüte‹. Ich bedaure, das haben wir leider nicht vorrätig, sagte die junge Verkäuferin, aber wenn Ihnen mit ›Mädchen im Mai‹ gedient ist –

*

Abergläubisch hüte ich mich, den Titel über eine Arbeit zu setzen, ehe diese wenigstens im Entwurf fertig ist; auch wenn der Titel von vornherein feststeht. Die Verwandtschaft dieses Aberglaubens mit dem trivialen, man solle nichts berufen, aus Angst vorm neidischen Schicksal nichts als vollendet hinstellen, bis es soweit ist, will ich nicht verleugnen. Aber kaum erschöpft meine Vorsicht sich darin.

17

Der zu früh geschriebene Titel wirft sich dem Abschluß in den Weg, als hätte er die Kraft dazu absorbiert; der verschwiegene wird zum Motor zu vollbringen, was er verheißt. Die Belohnung des Autors ist der Augenblick, da er ihn schreiben darf. Titel über ungeschriebene Arbeiten sind vom Schlage des Ausdrucks »Sämtliche Werke«, nach dem vor hundertundfünfzig Jahren der Ehrgeiz eines Schriftstellers gieren mochte, während ein jeder heute ihn fürchtet, als würde er dadurch zum Theodor Körner, Brecht allenfalls ausgenommen, der ja auch die Rede vom Klassiker pervers goutierte. Oder zögert die Hand, den Titel zu schreiben, weil es überhaupt verboten ist; weil ihn erst die Geschichte schreiben könnte wie den, unter welchem Dantes Gedicht kanonisiert ward? Die Alten, die den Neid der Götter fürchteten, hielten die Titel, die sie ihren Stücken selbst beilegten, nach Lessings Bemerkung für »ganz unerheblich«[7]). Der Titel ist der Ruhm des Werkes; daß die Werke ihn sich selber verleihen müssen, ist ihr ohnmächtig-vermessenes Aufbegehren gegen das, was allem Ruhm widerfuhr und ihn wohl von je entstellte. Das haucht dem Lessingschen Satz sein geheimes und schwermütiges Pathos ein: »Der Titel ist eine wahre Kleinigkeit.«[8])

[7]) a.a.O., Vierter Band, S. 416.
[8]) a.a.O.

Zu einem Porträt Thomas Manns

Hermann Hesse zum 2. Juli 1962
in herzlicher Verehrung

Der Anlaß einer dokumentarischen Ausstellung, in der nur sehr mittelbar, und nur dem, der ihn bereits kennt, etwas vom Geist des Gefeierten erscheinen kann, rechtfertigt vielleicht, daß ich ein paar private Worte über ihn sage und nicht von dem Werk rede, dessen Instrument sein Leben war. Aber ich möchte nicht, wie manche wohl erwarten, Erinnerungen an Thomas Mann vortragen. Selbst wenn ich die Scheu überwinde, aus dem Glück des persönlichen Umgangs ein Eigentum zu machen und, sei's auch unfreiwillig, ein Quentchen seines Prestiges dem eigenen zuzuleiten, wäre es sicherlich noch zu früh, solche Erinnerungen zu formulieren. Ich beschränke mich also darauf, aus meiner Erfahrung einigen Vorurteilen entgegenzuarbeiten, die hartnäckig die Person des Dichters belästigen. Sie sind nicht gleichgültig gegenüber der Gestalt des Werkes, auf das sie automatisch fast sich übertragen: sie verdunkeln es, indem sie helfen, es auf Formeln abzuziehen. Ich nenne die verbreiteteste, die vom Konflikt des Bürgers mit dem Künstler in Thomas Mann, der offenkundigen Erbschaft der Nietzscheschen Antithese von Leben und Geist. Mann hat, ausdrücklich und unausdrücklich, die eigene Existenz dazu benutzt, jenen Gegensatz zu demonstrieren. Viel von dem, was an seinem Werk Intention ist, von Tonio Kröger, Tristan und dem Tod in Venedig bis zu dem Musiker Leverkühn, der nicht lieben darf, um sein Werk zu vollbringen, richtet sich nach jenem Modell. Damit aber auch nach einem Cliché von der Privatperson, die zu verstehen gibt, daß sie so es wollte und selber dem glich, was sie an Idee und Konflikt in den Romanen und Erzählungen austrug. So streng auch das œuvre Thomas Manns, durch seine Sprachgestalt, des Ursprungs im Individuum sich entäußerte, beamtete und nicht beamtete Oberlehrer tun sich daran gütlich, weil es sie ermuntert, als Gehalt herauszuholen, was zuvor die Person hineinsteckte. Dies Verfahren ist zwar wenig produktiv, aber keiner hat dabei groß zu denken, und es versetzt noch den Stumpfsinn auf philologisch sicheren Boden, denn, wie es im Figaro heißt, der ist derVater, er sagt es ja selbst. Statt dessen jedoch, meine ich, beginnt der Gehalt eines Kunstwerks genau dort, wo die Intention des Autors aufhört; sie erlischt im Gehalt. Die Beschreibung der kalten Funkenschwärme der Münchener Trambahn, oder des Stotterns von Kretzschmar – »so etwas können wir«, wehrte einmal der Dichter ein Kompliment ab, das ich ihm deswegen machte – dürfte alle offizielle Künstlermetaphysik seiner Texte, alle Verneinung des Willens zum Leben darin, selbst den in fetten Lettern gedruckten Satz aus dem Schneekapitel des Zauberbergs aufwiegen. Das Verständnis Thomas Manns: die wahre Entfaltung seines Werkes wird erst anfangen, sobald man um das sich kümmert, was nicht im Baedeker steht. Nicht daß ich wähnte, verhindern zu können, daß unermüdlich weiter Dissertationen über den Einfluß von Schopenhauer und Nietzsche, über die Rolle der Musik, oder über das den Fakultäten unterbreitet werden, was man wohl im Seminar als Problem des Todes behandelt. Aber ich möchte doch einiges Unbehagen an all dem erregen. Besser, dreimal das Gedichtete sich anzuschauen als immer mal wieder das Symbolisierte. Dazu soll der Hinweis helfen, wie sehr der Dichter abwich von dem Selbstporträt, das seine Prosa suggeriert.

Denn daß sie es suggeriert, daran ist kein Zweifel. Um so begründeter aber der, ob er auch so war; ob nicht gerade diese Suggestion einer Strategie entsprang, die er an der

Goetheschen eingeübt haben mochte, übers eigene Nachleben zu gebieten. Nur kam es ihm vermutlich weniger aufs
Nachleben an als darauf, wie er den Zeitgenossen erschien.
Der Autor des Joseph war nicht so mythisch, hatte auch zuviel von skeptischer Humanität, als daß er der Zukunft
seine imago hätte aufzwingen wollen: gelassen, stolz zugleich und unprätentiös, hätte er sich ihr anheimgegeben;
und von der Weltgeschichte als Weltgericht wäre der nicht
so überzeugt gewesen, der im ›Erwählten‹ über die Haupt-
und Nebenfiguren historischer Staatsaktionen Worte fand,
wie sie nicht schlecht zwischen zwei Buchdeckeln von Anatole France stünden. Wohl aber hat er sich als public figure,
also vor den Zeitgenossen, verstellt, und erst einmal wäre
die Verstellung zu begreifen. Die Mannsche Ironie diente
sicherlich nicht zuletzt dazu, Verstellung zugleich zu prak-
tizieren und durchs sprachliche Einbekenntnis wiederum
aufzuheben. Kaum waren ihre Motive bloß privat, und an
einem Menschen, an dem man sehr hängt, mag man nicht
seinen psychologischen Scharfsinn billig wetzen. Gewiß
jedoch verlohnte es sich, einmal die Masken des Genius
in der neuen Literatur zu beschreiben und dem nachzugehen, warum die Autoren sie anlegten. Dabei stieße man wohl
darauf, daß die Haltung des Genialischen, die gegen Ende
des achtzehnten Jahrhunderts spontan aufkam, rasch gesellschaftlich honoriert und damit allmählich zu einem Muster
wurde, dessen Stereotypie die Spontaneität Lügen strafte,
die es unterstreichen sollte. Im hohen neunzehnten Jahrhundert trug man das Genie als Kostüm. Rembrandtkopf,
Samt und Barett, kurz der Archetyp des Künstlers verwan-
delten sich in ein verinnerlichtes Stück von dessen Mobi-
liar. Das wird Thomas Mann an Wagner nicht übersehen
haben, den er liebte mit empfindlicher Liebe. Scham über
die Selbstsetzung des Künstlers, des Genies, als das er sich
drapiert, nötigt den Künstler, der eines Rests von Draperie

nie ganz ledig wird, so gut es geht sich zu verstecken. Weil der Genius zur Maske geworden ist, muß der Genius sich maskieren. Er darf um nichts in der Welt als solcher auftrumpfen und tun, als wäre er, der Meister, jenes metaphysischen Sinnes mächtig, der in der Substanz der Zeit nicht gegenwärtig ist. Deshalb hat Marcel Proust, gegen den Thomas Mann eher sich sträubte, den Operettendandy mit Zylinder und Spazierstock gespielt und Kafka den mittleren Versicherungsangestellten, dem nichts so wichtig ist wie das Wohlwollen des Vorgesetzten. Dieser Impuls lebte auch in Thomas Mann: als einer zum Unauffälligen. Er wie sein Bruder Heinrich war Schüler der großen französischen Desillusionsromane; das Geheimnis seiner Verstellung war Sachlichkeit.

Masken sind auswechselbar, und der Vielfältige hatte mehr als eine. Die bekannteste ist die des Hanseaten, des kühlen und distanzierten Lübecker Senatorensohns. Ist schon die Vorstellung vom Bürger der drei freien Reichsstädte selber abermals ein Cliché, dem wenige dort Geborene sich fügen dürften, dann hat Thomas Mann zwar mit Einzelschilderungen aus den Buddenbroocks ihm willfahrt und ist bei öffentlichen Anlässen gesetzt aufgetreten. Die Privatperson jedoch habe ich keine Sekunde lang steif gesehen, es sei denn, man verwechselte seine Begabung zum druckfertigen Sprechen und seine Freude daran, die er mit Benjamin teilte, mit würdigem Gehabe. Nach deutscher Sitte, im Bann des Aberglaubens an die pure Unmittelbarkeit, hat man seinen Sinn für Formen, der mit dem künstlerischen Wesen eins ist, als Kälte und mangelnde Ergriffenheit ihm angekreidet. Im Verhalten war er eher lässig, ohne alle Würde der Respektsperson, durchaus das, was er war und was er in seiner Reife verteidigte, ein Literat, beweglich, Eindrücken aufgeschlossen und begierig danach, gesprächig und gesellig. Zur Exklusivität neigte er weit weniger, als bei dem Berühmten und Umdrängten,

der seine Arbeitskraft zu verteidigen hatte, zu erwarten gewesen wäre. Er begnügte sich mit einer Zeitordnung, die
dem Primat des Schreibens unterstand und lange Nachmittagsruhe gewährte, war aber sonst weder schwer zu haben noch zimperlich im Umgang. Für gesellschaftliche Hierarchie, für Nuancen des Mondänen fehlte ihm jeder Sinn.
Nicht bloß war er, sei's als Arrivierter, sei's aus frühkindlicher Sicherheit, darüber erhaben, sondern der Interessenrichtung nach indifferent dagegen, als wäre die Erfahrung von all dem gar nicht in ihn eingedrungen. Ihm
und Frau Katja bereiteten etwa die Kapriolen Rudolf Borchardts, welche dieser für weltmännisch hielt, selbst die
aristokratischen Neigungen Hofmannsthals ungetrübtes
Vergnügen. Saß etwas tief bei ihm, dann das Bewußtsein
davon, daß die Rangordnung des Geistes, falls so etwas
existiert, unvereinbar ist mit der des äußeren Lebens. Nicht
einmal mit Schriftstellern indessen nahm er es gar zu genau. In der Emigration jedenfalls duldete er solche um
sich, die ihm kaum mehr boten als ihren guten Willen,
auch Kleinintellektuelle, ohne daß diese je hätten fühlen
müssen, daß sie es waren. Der Grund solcher Gleichgültigkeit unterschied'ihn sehr von anderen zeitgenössischen Romanciers. Er war überhaupt kein Erzähler von breiter bürgerlicher Welterfahrung, sondern zurückgezogen auf den
eigenen Umkreis. Sehr deutsch schöpfte er die gegenständliche Fülle aus derselben Phantasie wie die Namen seiner
Figuren; wenig kümmerte ihn, was man angelsächsisch the
ways of the world nennt. Damit mag zusammenhängen,
daß von einem gewissen Zeitpunkt an – die Zäsur ist der
Tod in Venedig – Ideen und ihre Schicksale in seinen Romanen mit zweiter Sinnlichkeit den Platz empirischer Menschen okkupieren; das hat dann wiederum der Clichébildung Vorschub geleistet. Wie wenig eine solche Komplexion
der des Handelsherrn gleicht, leuchtet ein.

Präsentiert er trotzdem vielen sich so, als wäre der Bürger zumindest die eine Seele in seiner Brust gewesen, so stellte er wohl ein Element seines Wesens, das seinem Willen widerstand, in den Dienst der Illusion, die er koboldhaft zu erwecken trachtete. Das war der Geist der Schwere, verschwistert der Melancholie, ein Brütendes, sich Versenkendes. Er hatte keine rechte Lust, im Leben so ganz mitzutun. Entscheidungen waren ihm wenig sympathisch, der Praxis mißtraute er nicht nur als Politik sondern als jeglichem Engagement; nichts an ihm paßte zu dem, was kernige Banausen sich unter einem existentiellen Menschen vorstellen. Bei aller Stärke seines Ichs hatte dessen Identität nicht das letzte Wort: nicht umsonst schrieb er zwei voneinander höchst abweichende Handschriften, die freilich dann doch wieder eine waren. Der Artistengestus des sich draußen Haltens, die Schonung, die er sich als seinem Instrument angedeihen ließ, ist eilfertig der obligaten Reserviertheit des Großkaufmanns zugeschlagen worden. Manchmal mochte ihn, in Gesellschaften, die ihn keineswegs langweilten, der Geist der Schwere bis zur Schicht wachen Schlafens geleiten. Dann konnte er glasig wirken; er selbst hat einmal, in der ›Königlichen Hoheit‹, von den Absencen einer Figur gesprochen. Aber gerade solche Viertelstunden bereiteten vor, daß er die Maske wegwarf. Hätte ich zu sagen, was mir an ihm das Charakteristischste dünkte, ich müßte wohl den Gestus des jäh überraschenden Auffahrens zitieren, der dann von ihm zu gewärtigen war. Seine Augen waren blau oder graublau, in den Momenten aber, in denen er seiner selbst innewurde, blitzten sie schwarz und brasilianisch, als hätte in der Versunkenheit vorher geschwelt, was darauf wartete, zu entflammen; als hätte in der Schwere ein Stoffliches sich gesammelt, das er nun ergriff, um daran seine Kraft zu messen. Unbürgerlich war der Rhythmus seines Lebensgefühls: nicht Kontinuität

sondern der Wechsel von Extremen, von Starre und Illu-
mination. Freunde von mittlerer Wärme, von alter oder
neuer Geborgenheit mochte das irritieren. Denn in diesem
Rhythmus, dessen einer Zustand den anderen verneinte,
kam die Doppelbödigkeit seines Naturells zutage. Kaum
kann ich mich auf eine Äußerung von ihm besinnen, der
dies Doppelbödige nicht gesellt gewesen wäre. Alles, was
er sagte, klang, wie wenn es einen geheimen Hintersinn
mit sich führte, den zu erraten er dem anderen mit einiger
Teufelei überließ, weit über den Habitus von Ironie hinaus.

Daß einen Mann dieser Art der Mythos der Eitelkeit
verfolgte, ist zwar für seine Mitwelt beschämend, aber be-
greiflich: die Reaktion solcher, die nichts sein wollen, als
was sie nun einmal sind. Man mag mir glauben, daß er so
uneitel gewesen ist, wie er der Würde entbehrte. Vielleicht
kann man es am einfachsten so ausdrücken, daß er im Umgang nie daran dachte, Thomas Mann zu sein; was den
Verkehr mit Zelebritäten erschwert, ist meist ja nichts anderes, als daß sie ihre vergegenständlichte öffentliche Gel-
tung auf sich selbst, ihr unmittelbares Dasein zurückproji-
zieren. Bei ihm aber überwog das Interesse an der Sache
so sehr die Person, daß es diese gänzlich freiließ. Jene Projektion hat nicht er vollzogen, sondern die öffentliche Meinung, die falsch vom Werk auf den Autor schloß. Wahrhaft
falsch. Denn was sie am Werk als Spur von Eitelkeit lesen,
ist das untilgbare Mal der Anstrengung zu seiner Voll-
kommenheit. Zu verteidigen ist er wider die abscheuliche
deutsche Bereitschaft, die Passion für das Gebilde und seine
integre Gestalt dem Geltungsdrang gleichzusetzen; wider
das Ethos der Kunstfremdheit, das gegen die Zumutung
einer stimmig durchgebildeten Sache als unmenschliches
l'art pour l'art aufmuckt. Weil die Sache die eines Autors
ist, soll es dessen Eitelkeit sein, wenn er sie möglichst gut

machen will; nur anachronistisch biedere Handwerker mit ledernen Schürzen und großer Weltchronik sind vor solchem Verdacht gefeit. Als ob das Werk, das gelingt, noch das seines Autors wäre; als ob nicht sein Gelingen darin bestünde, daß es von ihm sich löst, daß durch ihn hindurch ein Objektives sich realisiert, daß er darin verschwindet. Da ich nun einmal Thomas Mann bei der Arbeit kannte, darf ich bezeugen, daß nicht die leiseste narzißtische Regung zwischen ihn und seine Sache sich drängte. Mit keinem hätte die Arbeit einfacher, freier von allen Komplikationen und Konflikten sein können; es bedurfte keiner Vorsicht, keiner Taktik, keines tastenden Rituals. Niemals hat der Nobelpreisträger sei's auch noch so diskret auf seinen Ruhm gepocht oder mich die Differenz des öffentlichen Ansehens fühlen lassen. Wahrscheinlich war es nicht einmal Takt oder humane Rücksicht; es kam gar nicht erst zum Gedanken an die Privatpersonen. Die Fiktion von Adrian Leverkühns Musik, die Aufgabe, sie zu beschreiben, als wäre sie wirklich vorhanden, gewährte dem, was jemand einmal die psychologische Pest nannte, keinerlei Nahrung. Dabei hätte seine Eitelkeit Anlaß und Gelegenheit genug gehabt, sich zu zeigen, wenn sie existiert hätte. Der Schriftsteller müßte noch geboren werden, der nicht Formulierungen, an denen er weiß Gott wie lange geschliffen hat, libidinös besetzte und Angriffe darauf primär als gegen ihn gerichtet abwehrte. Ich aber war selber viel zu vertiert in der Sache, hatte mir Leverkühns Kompositionen viel zu genau ausgedacht, als daß ich in der Diskussion viel Rücksicht genommen hätte. Nachdem es mir gelungen war, dem Dichter abzuhandeln, daß wenigstens Leverkühn, wenn er schon wahnsinnig wird, das Faust-Oratorium zu Ende schreiben darf – bei Mann war es ursprünglich als Fragment geplant –, stellte sich die Frage nach dem Schluß, dem instrumentalen Nachspiel, in das unmerklich der Chorsatz übergeht. Wir hatten sie lange erwogen; eines schönen Nachmittags las mir der Dichter den Text vor. Ich rebellierte wohl ein wenig ungebührlich. Gegenüber der Gesamtanlage von Doktor Fausti Wehklag nicht nur sondern des ganzen Romans fand ich die höchst belasteten Seiten zu positiv, zu ungebrochen theologisch. Ihnen schien abzugehen, was in der entscheidenden Passage gefordert war, die Gewalt bestimmter Negation als der einzig erlaubten Chiffre des Anderen. Thomas Mann war nicht verstimmt, aber doch etwas traurig, und ich hatte Reue. Am übernächsten Tag rief Frau Katja an und bat uns zum Nachtmahl. Danach schleppte der Dichter uns in seine Höhle und las, offensichtlich gespannt, den neuen Schluß vor, den er unterdessen geschrieben hatte. Wir konnten unsere Ergriffenheit nicht verbergen, und ich glaube, sie hat ihn gefreut. Den Affekten der Freude und des Schmerzes war er fast schutzlos ausgeliefert, ungepanzert, wie nie ein Eitler es wäre. Allergisch war zumal sein Verhältnis zu Deutschland. Er konnte es sich über alles Maß zu Herzen nehmen, wenn einer ihn einen Nihilisten schalt; seine Sensibilität erstreckte sich bis ins Moralische; sein Gewissen in geistigen Dingen reagierte so fein, daß noch der plumpeste und törichteste Angriff ihn zu erschüttern vermochte.

Die Rede von Thomas Manns Eitelkeit mißdeutet gänzlich das Phänomen, auf das sie sich stürzt. Unnuancierte Wahrnehmung verbindet sie mit unnuanciertem sprachlichen Ausdruck. So uneitel er war, so kokett war er dafür. Das Tabu, das über dieser Eigenschaft bei Männern liegt, hat wohl verhindert, sie und ihr Hinreißendes an ihm zu erkennen. Es war, als hätte die Sehnsucht nach Applaus, die selbst vom vergeistigten Kunstwerk nicht ganz weggedacht werden kann, die Person affiziert, die so sehr zum Werk sich entäußert hatte, daß sie mit sich spielte wie der

Prosateur mit seinen Sätzen. Etwas in der Anmut der Form auch des spirituellen Kunstwerks ist der verwandt, mit der der Schauspieler sich verbeugt. Er wollte reizen und gefallen. Es ergötzte ihn, gewisse zeitgenössische Komponisten gemäßigten Genres, von denen er wußte, daß ich sie nicht eben hoch schätzte, und von denen auch er im Ernst kaum viel hielt, mit Mordent zu bewundern, die Irrationalität seines eigenen Verhaltens zu pointieren; auch die offiziellen Dirigenten Toscanini und Walter, die schwerlich Leverkühn aufgeführt hätten, wurden da herangezogen. Selten tat er des Josephromans Erwähnung, ohne hinzuzufügen: »den Sie ja, wie ich weiß, nicht gelesen haben, Herr Adorno«. Welche Frau hätte noch, unentstellt von Ziererei oder Nüchternheit, die Koketterie, die der bald Siebzigjährige, höchst Disziplinierte sich hinüberrettete, wenn er vom Schreibtisch aufstand. In seinem Arbeitszimmer hing eine entzückende Jugendphotographie seiner Tochter Erika, die ihm physiognomisch ähnelt, im Pierrotkostüm. Im Nachbild der Erinnerung gewinnt sein eigenes Gesicht etwas Pierrothaftes. Seine Koketterie war wohl nichts anderes als ein Stück unverstümmelten und unbezwinglichen mimetischen Vermögens.

Aber man darf ihn danach beileibe nicht als Pierrot Lunaire, als Figur aus dem fin de siècle sich ausmalen. Das Cliché des Dekadenten ist komplementär zu dem des Bürgers, so wie es ja, wie bekannt, Bohème nur so lange gab wie solides Bürgertum. Vom Jugendstil hatte er so wenig wie vom Ehrengreis; der Tristan der Novelle ist komisch. »Laß den Tag dem Tode weichen« war ihm kein Imperativ. Nach dem Tod noch griff sein unbändiger Spieltrieb, der von nichts sich einschüchtern ließ. In dem letzten Brief, den ich von ihm erhielt, in Sils-Maria, wenige Tage ehe er starb, hat er wie mit seinem Leiden mit dem Tod selbst, über dessen Möglichkeit er sich kaum täuschte, in Rastellischer Freiheit jongliert. Wenn seine Schriften ihre Mitte im Tod zu haben scheinen, so ist daran kaum die Todessehnsucht schuld, kaum auch nur besondere Affinität zum Verfall, sondern insgeheim List und Aberglaube: das stets Angerufene und Beredete eben dadurch fortzuhalten und zu bannen. Dem Tod, dem blinden Naturzusammenhang hat sein Ingenium widerstanden wie sein Körper. Die Manen des Dichters mögen es mir verzeihen, aber er war kerngesund. Ich weiß nicht, ob er in jungen Jahren jemals krank war, aber nur eine eiserne Physis konnte die Operation überdauern, deren euphemistische Chronik der Roman eines Romans enthält. Noch die Arteriosklerose, der er erlag, ließ seinen Geist unberührt, als hätte sie keine Macht über ihn. Was sein Werk veranlaßte, die Komplizität mit dem Tod zu betonen, die man ihm gar zu gern geglaubt hat, war am Ende wohl etwas von der Ahnung der Schuld darin, daß man überhaupt ist, gleichsam ein Anderes, Mögliches um die eigene Wirklichkeit bringt, indem man seinen Platz einnimmt; er brauchte nicht erst Schopenhauer, um das zu erfahren. Wollte er den Tod überlisten, so hielt er zugleich Kompanie mit ihm aus dem Gefühl, daß es keine Versöhnung des Lebendigen gibt als Ergebung: nicht Resignation. In der Welt des selbstherrlichen und sich in sich selbst befestigenden Menschen wäre das Bessere allein, die Klammer der Identität zu lockern und nicht sich zu verhärten. Was man Thomas Mann als Dekadenz vorhält, war ihr Gegenteil, die Kraft der Natur zum Eingedenken ihrer selbst als hinfälliger. Nichts anderes aber heißt Humanität.

Bibliographische Grillen

Für Rudolf Hirsch

Beim Besuch einer Buchmesse ergriff mich eine sonderbare Beklemmung. Als ich suchte zu verstehen, was sie mir anmelden wollte, ward ich dessen inne, daß die Bücher nicht mehr aussehen wie Bücher. Die Anpassung an das, was man zu Recht oder Unrecht für die Bedürfnisse der Konsumenten hält, hat ihre Erscheinung verändert. Bucheinbände sind, international, zur Reklame für das Buch geworden. Jene Würde des in sich Gehaltenen, Dauernden, Hermetischen, das den Leser in sich hineinnimmt, gleichsam über ihm den Deckel schließt wie die Buchdeckel über dem Text – das ist als unzeitgemäß beseitigt. Das Buch macht sich an den Leser heran; es tritt nicht länger auf als ein für sich Seiendes, sondern als ein für anderes, und eben darum fühlt sich der Leser ums Beste gebracht. Selbstverständlich gibt es, bei literarisch strengen Verlagen, noch Ausnahmen; es fehlt auch nicht an solchen, denen es selber unbehaglich ist, und die das gleiche Buch in doppelter Ausstattung herausbringen, einer stolz unscheinbaren und einer, die mit Männchen und Bildchen den Leser anspringt. Deren bedarf es nicht einmal stets. Manchmal genügt Übertreibung der Formate, auftrumpfend wie disproportional breite Autos, oder die Plakatwirkung allzu intensiver und auffälliger Farben, oder was auch immer; ein Unwägbares, dem Begriff sich Entziehendes, eine Gestaltqualität, durch welche die Bücher, indem sie sich als up to date, als Dienst am Kunden empfehlen, ihr Büchertum wie etwas Rückständiges und Altmodisches abzuschütteln suchen. Keineswegs muß kraß dem Reklame-Effekt nachgejagt oder der Geschmack verletzt werden; der Ausdruck des Konsumguts, gleichgültig, woran er nun haftet, setzt das Buch in einen für solche, die mit der Buchtechnik nicht genau vertraut sind, schwer zu benennenden, aber eben um seiner Tiefe willen um so enervierenderen Widerspruch zur Form des Buches als einer materiellen und geistigen zugleich. Mitunter hat die Liquidation des Buches sogar das ästhetische Recht auf ihrer Seite, als Empfindlichkeit gegen Ornamente, Allegorien, heruntergekommenen Zierat aus dem neunzehnten Jahrhundert. All das muß weg, gewiß, aber zuweilen will es doch bedünken, als hätten Musikalien, welche die Engel, Musen und Lyren ausradierten, deren Linien einst auf den Titeln der Edition Peters oder der Universal Edition prangten, damit auch etwas von dem Glück getilgt, das dieser Kitsch einmal versprach: er verklärte sich, wenn die Musik kein Kitsch war, der die Lyra präludierte. Insgesamt drängt sich auf, daß die Bücher sich dessen schämen, daß sie überhaupt noch welche sind und nicht Trickfilme oder von Neonlicht beschienene Schaufenster; daß sie die Spuren handwerklicher Produktion auslöschen wollen, um nur ja nicht anachronistisch auszusehen, sondern mit einer Zeit mitzurennen, von der sie insgeheim befürchten, daß sie für sie selber keine Zeit mehr hat.

*

Das schädigt die Bücher auch als Geistiges. Ihre Form meint Absonderung, Konzentration, Kontinuität; anthropologische Eigenschaften, die absterben. Die Komposition eines Buches als Band ist unvereinbar mit seiner Verwandlung in momentan ausgestellte Reizwerte. Indem das Buch, durch seine Erscheinung, die letzte Erinnerung an die Idee des Textes abwirft, in dem Wahrheit sich darstellt, und sich dem Primat ephemerer Reaktionsweisen beugt, wendet solche Erscheinung sich gegen das Wesen, das es vor jeder inhaltlicher Bestimmung anmeldet. Durch streamlining werden die neuesten Bücher als bereits Vergangenes verdächtig. Sie trauen sich selber nicht mehr, sind sich selber nicht gut, kein Segen kann daran sein. Wer noch welche schreibt, den erfaßt, an ganz unerwarteter Stelle, ein Schrecken, der ihm sonst freilich aus der kritischen Selbstreflexion nur allzu vertraut ist, der vor der Vergeblichkeit seines Tuns. Ihm schwankt der Boden unter den Füßen, während er noch so sich verhält, als wäre ihm gegeben, wo er steht oder sitzt. Die Autonomie des Gebildes, an die der Schriftsteller all seine Energie wenden muß, wird von der physischen Gestalt des Gebildes desavouiert. Hat das Buch nicht mehr die Courage zu seiner eigenen Form, dann ist auch in ihm selbst die Kraft angegriffen, die jene Form zu rechtfertigen vermöchte.

*

Was es mit der auswendigen Form von Gedrucktem als einer eigenen Macht für eine Bewandtnis hat, dafür ist ein Indiz, daß Autoren größter Erfahrung wie Balzac und Karl Kraus sich gedrängt fühlten, in den Fahnen, bis zur Umbruchskorrektur, eingreifend zu ändern, wohl gar das bereits Gesetzte ganz umzuschreiben. Schuld daran ist weder Flüchtigkeit bei der vorhergehenden Niederschrift noch kleinlicher Perfektionismus. Sondern erst in den gedruckten Lettern nehmen die Texte, wirklich oder zum Schein, jene Objektivität an, in der sie von ihren Autoren endgültig sich ablösen, und das wiederum erlaubt diesen, sie mit fremden Augen anzusehen und Mängel aufzufinden, die sich ihnen verbargen, solange sie noch in ihrer Sache waren und sich als darüber Verfügende empfanden, anstatt zu erkennen, wie sehr die Qualität eines Textes gerade daran hervortritt, daß er über den Autor verfügt. So etwa sind Proportionen zwischen den Längen einzelner Stücke, einer Vorrede zu dem, was auf sie folgt, nicht früher als am Gesetzten recht kontrollierbar; die Schreibmaschinenmanuskripte, die mehr Seiten konsumieren, betrügen den Autor, indem sie ihm als weit voneinander entfernt vorgaukeln, was so dicht zusammenwohnt, daß es sich kraß wiederholt; sie tendieren überhaupt dazu, Maßverhältnisse zugunsten der Bequemlichkeit des Autors zu verschieben. Einem, welcher der Selbstbesinnung fähig ist, wird der Druck zur Kritik an der Schrift: bahnt einen Weg vom Auswendigen ins Innere. Verlegern wäre darum Konzilianz gegenüber Autorkorrekturen anzuraten.

*

Häufig habe ich beobachtet, daß wer eine Sache in einer Zeitschrift oder gar im Maschinenmanuskript schon gelesen hat, sie geringschätzt, wenn sie ihm wiederbegegnet im Buch. »Das kenn' ich ja schon« – was kann es da schon wert sein. Leise Selbstverachtung wird aufs Gelesene projiziert, der Autor zum Geiz mit seinen Produkten erzogen. Jene Reaktionsweise ist aber die Kehrseite der Autorität des Gedruckten. Wer dazu neigt, Gedrucktes zunächst für ein Ansichseiendes, objektiv Wahres zu halten – und ohne diese Illusion formierte sich kaum der Ernst literarischen Gebilden gegenüber, der die Voraussetzung von Kritik und damit ihres Nachlebens ist –, der rächt sich für den Zwang, den der Druck als solcher ausübt, indem er aggressiv wird, sobald er das Prekäre jener Objektivität durchschaut und bemerkt, daß ihr die Eierschalen des Produktionsprozesses oder der privaten Kommunikation anhaften. Diese Ambivalenz reicht hinein bis in die Gereiztheit jener Kritiker, die einem Autor vorrechnen, er wiederhole sich, wofern er etwas, was er in ein Buch aufnahm und was womöglich von Anbeginn dafür konzipiert war, vorher schon, weniger verbindlich, veröffentlichte. Autoren, die sich vor Wiederholungen idiosynkratisch hüten, scheinen solche Rancune besonders herauszufordern.

*

Die Veränderung der Buchgestalt ist kein Fassadenprozeß, der etwa dadurch aufzuhalten wäre, daß die Bücher unbeirrt sich auf ihr Wesen besinnen und nach einer Form haschen, die diesem entspräche. Versuche gar, der auswendigen Entwicklung von innen her standzuhalten durch Auflockerung des literarischen Gefüges, haben etwas vom hilflosen Bestreben, sich anzubiedern, ohne sich etwas zu vergeben. Für die Formen, die solcher Auflockerung zum Modell dienen könnten, wie das Flugblatt und das Manifest, fehlen heute die objektiven Voraussetzungen. Wer sie mimt, plustert nur als geheimer Machtanbeter die eigene Ohnmacht auf. Nicht bloß sind die Verleger unwiderleglich, wenn sie allenfalls renitente Autoren, die ja auch leben wollen, darauf aufmerksam machen, daß ihre Bücher auf dem Markt um so geringere Chancen haben, je weniger sie jenem Zug sich einfügen. Sondern die Rettungsversuche sind durchschaubar als das, was sie schon in den Theorien von Ruskin und Morris waren, die gegen die Verschandelung der Welt durch den Industrialismus sich wehrten, indem sie Massenproduziertes so präsentieren wollten, als wäre es Handwerk. Bücher, die sich weigern, nach den Regeln der Massenkommunikation mitzuspielen, trifft der Fluch des Kunstgewerbes. Was geschieht, beängstigt wegen seiner unausweichlichen Logik; tausend Argumente können dem Widerstrebenden beweisen, daß es so und nicht anders sein müsse und daß er hoffnungslos reaktionär sei. Ist es schon die Idee des Buches selber? Dennoch ist keine andere sprachliche Darstellung des Geistes sichtbar, die möglich wäre ohne Verrat an der Wahrheit.

*

Gegen die Haltung des Sammlers mag eingewendet werden, ihm sei Bücher zu besitzen wichtiger als ihre Lektüre. Soviel indessen bekundet er, daß die Bücher etwas sagen, ohne daß man sie liest, und daß es zuweilen nicht das Unwichtigste ist. So haben private Bibliotheken, in denen die Gesamtausgaben überwiegen, leicht etwas Banausisches. Das Bedürfnis nach Vollständigkeit, wahrhaft legitim gegenüber jenen Ausgaben, in denen ein Philologe sich anmaßt zu entscheiden, was von einem Autor daure und was nicht, verbindet sich allzu leicht mit dem Besitzinstinkt, dem Drang, Bücher zu horten, der sie der Erfahrung entfremdet, die einzelnen Bänden, und zwar kraft ihrer Zerstörung, sich einprägt. Solche Reihen von Gesamtausgaben protzen nicht nur, sondern ihre glatte Harmonie verleugnet unbillig das Schicksal, welches das lateinische Sprichwort den Büchern zuspricht und das allein von allem Toten sie mit Lebendigem gemein haben. Die einheitlichen und meist allzu geschonten Blöcke wirken, als wären sie alle auf ein Mal, geschichtslos oder, wie das zuständige deutsche Wort lautet, schlagartig erstanden worden, ein wenig schon wie jene Potemkinsche Bibliothek, die ich in der als Dépendance einem Hotel angegliederten Villa einer alten amerikanischen Familie in Maine fand. Sie kehrte mir alle erdenklichen Titel zu; als ich der Lockung folgte und hineingriff, brach die ganze Pracht leise klatschend zusammen, alles Attrappen. Beschädigte, angestoßene Bücher, die leiden mußten, sind die rechten. Hoffentlich entdecken Vandalen nicht auch das und behandeln ihre nagelneuen Vorräte, wie abgefeimte Restaurateure Flaschen, die algerisch verfälschter Rotwein füllt, mit einer synthetischen Staubschicht überziehen. Bücher, die einen das Leben lang begleiten, weigern sich überhaupt der Ordnung systematischer Plätze und insistieren auf denen, die sie selber sich suchen; wer ihnen die Unordnung gönnt, muß nicht lieblos zu ihnen sein, sondern nur ihren Launen gehorsam. Dafür wird er dann häufig bestraft, denn diese Bücher sind es, die am liebsten sich davon machen.

*

Die Emigration, das beschädigte Leben, hat übers Maß hinaus meine Bücher verunstaltet, die nach London, New York, Los Angeles und nach Deutschland zurück mich begleiteten oder, wenn man will, verschleppt wurden. Aus ihren friedlichen Regalen gescheucht, gerüttelt, eingesperrt in Kisten, provisorisch behaust, sind viele von ihnen aus dem Leim gegangen. Die Einbände lösten sich, rissen oft Bündel Text mit sich. Sie waren wohl immer schon schlecht hergestellt; die deutsche Qualitätsarbeit ist längst so dubios, wie im Zeitalter der Hochkonjunktur der Weltmarkt sie einzuschätzen beginnt. So lauerte im deutschen Liberalismus sinnbildlich dessen Auflösung: ein Stoß, und er zerfiel. Aber ich komme von den verwüsteten Büchern nicht los, immer wieder werden sie repariert. Manche der zerschlissenen Bände von einst finden zweite Jugend als Broschüren. Ihnen droht weniger: sie sind kein gar so festes Eigentum. Nun sind die Hinfälligen Dokumente der Einheit des Lebens, das an sie sich klammert, und seiner Brüche zugleich, mit aller Zufälligkeit der Rettung und auch der Spur einer ungreifbaren Vorsehung darin, daß dies erhalten blieb, anderes verschollen ist. Nichts von Kafka, was er selber noch herausgab, kam heil mit mir zurück.

*

Das Leben der Bücher ist nicht identisch mit dem Subjekt, das wähnt, es gebiete darüber. Was an Verliehenem abhanden kommt, an Geborgtem sich ansiedelte, beweist das drastisch. Aber quer steht jenes Leben auch zur Verinnerlichung, zu dem, was der Eigentümer an der Kenntnis von Disposition oder sogenanntem Gedankengang zu besitzen wähnt. Immer wieder äfft es ihn in seinen Irrtümern. Zitate, die nicht am Text überprüft sind, stimmen selten. Das richtige Verhältnis zu den Büchern wäre darum eines von Unwillkürlichkeit, die dem sich anheimgibt, was das zweite und apokryphe Leben der Bücher will, anstatt auf dem ersten zu beharren, meist nur der willkürlichen Veranstaltung des Lesers. Wer solcher Unwillkürlichkeit im Verhältnis zu Büchern fähig ist, dem schenken sie manchmal das Gesuchte unerwartet her. Die glücklichsten Belege pflegen die zu sein, die der Suche sich entziehen und aus Gnade sich gewähren. Jedes Buch, das etwas taugt, spielt mit seinem Leser. Gute Lektüre wäre die, welche die Spielregeln errät, die es dabei befolgt, und ohne Gewalt ihnen sich anbequemt.

*

Vergleichbar ist das Eigenleben der Bücher mit dem, das ein unter Frauen verbreiteter und affektbesetzter Glaube den Katzen zuschreibt. Sie sind undomestizierte Haustiere. Aufgestellt als Besitz, sichtbar und disponibel, entziehen sie sich gern. Verschmäht der Herr ihre Organisation zur Bibliothek – und wer den rechten Kontakt mit Büchern hat, der fühlt schwerlich in Bibliotheken sich wohl, kaum recht in der eigenen –, so werden immer wieder die Bücher, deren er am dringendsten bedarf, sich seiner Souveränität verweigern, verstecken, bloß mit dem Zufall wiederkehren; manche verschwinden wie die Spirits, meist in Augenblicken, in denen sie Besonderes bedeuten. Schlimmer noch der Widerstand, den sie bereiten, sobald man etwas in ihnen sucht: als wollten sie sich rächen für den lexikalischen Blick, der sie nach einzelnen Stellen abtastet und dadurch ihrem eigenen Zug Gewalt antut, der niemand zu willen sein möchte. Manchen Schriftsteller definiert geradezu die

Sprödigkeit gegen den, welcher daraus zitieren möchte; so vor allem Marx, in dem man nur nach einem Passus zu stöbern braucht, der einem vor anderen sich einprägte, um an die Nadel im Heuhaufen gemahnt zu werden. Offenbar hat seine höchst spontane Produktionsweise – vielfach lesen sich seine Texte, als wären sie mit fliegender Hast an den Rand der Werke geschrieben, die er durchstudierte, und in den Mehrwerttheorien ist daraus beinahe eine literarische Form geworden – dagegen sich gesträubt, die Gedanken säuberlich dort vorzubringen, wo sie hingehören; Ausdruck des antisystematischen Zugs eines Autors, dessen System nichts ist als die Kritik des bestehenden; am Ende übte er dabei gar eine ihrer selbst unbewußte konspirative Technik. Daß, trotz aller Kanonisierung, kein Marxlexikon verfügbar ist, paßt dazu; der Autor, von dem eine zählbare Reihe von Sätzen hergeleiert wird wie Bibelsprüche, verteidigt sich gegen das, was man mit ihm anstellt, indem er cachiert, was nicht in jenen Vorrat fällt. Aber auch manche Autoren, zu denen fleißige Lexika existieren wie die Rudolf Eislers zu Kant und Hermann Glockners zu Hegel, benehmen sich nicht viel umgänglicher: unschätzbar die Erleichterung, welche die Lexika bieten; häufig jedoch schlüpfen die wichtigsten Formulierungen durch die Maschen, weil sie unter kein Stichwort passen oder das, welches ihnen etwa gebührte, so vereinzelt ist, daß es aufzuführen nach lexikalischer Vernunft nicht sich lohnt. Im Hegellexikon fehlt »Fortschritt«. Die Bücher, die des Zitierens würdig sind, erheben permanenten Einspruch gegen das Zitat, dessen doch nicht entraten kann, wer über Bücher schreibt. Denn jedes solche Buch ist paradox in sich selber, Vergegenständlichung des schlechthin nicht Gegenständlichen, das vom Zitat aufgespießt wird. Die gleiche Paradoxie äußert sich darin, daß der schlechteste Autor mit Grund gegen seinen Kritiker einwenden

kann, die literarischen corpora delicti seien aus dem Zusammenhang gerissen, während doch ohne solchen Gewaltakt Polemik gar nicht möglich ist. Noch die dümmste Replik besteht erfolgreich auf dem Zusammenhang, jenem
Hegelschen Ganzen, das die Wahrheit sei, als wären deren
Momente die Kalauer. Derselbe Autor würde freilich, wenn
man gegen ihn schriebe, ohne es zu belegen, mit dem gleichen Eifer erklären, so etwas habe er niemals gesagt. Philologie ist verschworen mit dem Mythos: sie versperrt den
Ausweg.

*

Vermutlich macht es die Technik des Buchbinders, daß
manche Bücher stets wieder an derselben Stelle sich aufblättern. Anatole France, über dessen Voltaireschem Anstand, den man ihm nicht verzeiht, sein metaphysisches
Ingenium vergessen ward, hat daraus in der Histoire
contemporaine bedeutende Wirkung gezogen. Monsieur
Bergeret findet in seiner Provinzstadt Unterschlupf in der
Buchhandlung des Herrn Paillot. Bei jedem Besuch des
Ladens greift er, ohne alles Interesse, nach der ›Geschichte
der Entdeckungsreisen‹. Hartnäckig präsentiert ihm der
Band die Sätze: »... eine Durchfahrt im Norden. Gerade
diesem Mißgeschick, sagt er, war es zu verdanken, daß wir
noch einmal zu den Sandwichinseln zurückkehren konnten,
und unsere Reise wurde dadurch um eine Entdeckung bereichert, die, obgleich die letzte, dennoch in mancher Hinsicht die wichtigste zu sein scheint, welche die Europäer
überhaupt im Stillen Ozean bisher gemacht haben...«
Verflochten ist das mit Assoziationen aus dem monologue
intérieur des milden Inhumanisten. Man wird bei der
Lektüre der gleichgültigen, außer aller Oberflächenbeziehung zum Roman stehenden Passage, durchs Kompositionsprinzip, das Gefühl nicht los, sie wäre der Schlüssel des

Ganzen, wenn man sie nur zu deuten verstünde. Die schäbige Insistenz des Buches darauf dünkt inmitten der Öde und Gottverlassenheit provinzieller Existenz das letzte Überbleibsel eines Sinnes, der verregnet ward und bloß noch ohnmächtige Winke erteilt gleich dem Wetter, dem unsagbaren Gefühl eines Tages der Kindheit, dies sei es, darauf komme es an, und dem mit einem Guß sich verdunkelt, was eben sich erhellte. Die Schwermut solcher buchbinderischen Wiederholung ist so abgründig, weil die permanente Versagung, die sie bewirkt, so nahe ist an der Einlösung eines Versprochenen. Daß Bücher sich von selbst immer wieder an der gleichen Stelle öffnen, ist ihre rudimentäre Ähnlichkeit mit den Sibyllinischen und dem Buch des Lebens selber, das nur noch als triste, steinerne Allegorie auf Gräbern des neunzehnten Jahrhunderts aufgeschlagen daliegt. Wer diese Monumente recht läse, entzifferte wahrscheinlich »eine Durchfahrt im Norden« aus der ›Allgemeinen Geschichte der Entdeckungsreisen‹. Nur im gebrauchten Exemplar wird etwas aus den Hölderlinschen Kolonien vermeldet, die keiner je betrat.

*

Alte Abneigung gegen Bücher, deren Titel auf dem Rücken längs gedruckt sind. Auf menschenwürdigen sollte er quer stehen. Die Begründung, man müsse, wenn ein Band aufgestellt ist, bei der Längsschrift den Kopf verdrehen, um zu merken, was es sei, ist wohl bloße Rationalisierung. In Wahrheit verleiht die Querschrift auf dem Rükken den Büchern einen Ausdruck von Beständigkeit: solid ruhen sie auf ihren Füßen, und der lesbare Titel oben ist ihr Gesicht. Die mit der Längsschrift aber sind nur dazu da, herumzuliegen, heruntergefegt zu werden, weggeworfen; schon ihrer physischen Gestalt nach darauf eingerichtet, daß sie keine Bleibe haben. Was broschiert ist vollends, kennt kaum je die Querschrift. Wo diese noch geduldet wird, ist sie nicht mehr aufgedruckt oder gar geprägt, sondern ein Schildchen wird aufgeklebt, bloß noch Fiktion. – Nur an einigen der Bücher, die ich verfaßte, hat sich der Wunsch nach der Querschrift erfüllt; wann immer aber der Längsdruck durchgesetzt ward, ließ nichts Triftiges dagegen sich einwenden. Schuld hatte wohl gar mein eigenes Widerstreben gegen dicke Bände.

*

Unter den Symptomen des Verfalls der Bücher ist nicht das harmloseste, daß neuerdings Erscheinungsjahr und -ort auf der Titelseite verschwiegen werden, allenfalls verschämt beim Copyright vermerkt. Vermutlich wird dadurch nicht im Ernst erschwert, Bücher in öffentlichen Bibliotheken oder antiquarisch aufzutreiben. Wohl aber wird ihnen, mit Raum und Zeit, das principium individuationis entzogen. Sie sind bloß noch Exemplare einer Gattung, schon so austauschbar wie ein Bestseller gegen den anderen. Was dem Anschein nach sie dem Ephemeren und Zufälligen ihres empirischen Hervortretens entreißt, hilft ihnen nicht sowohl zum Überleben, als daß es sie zum Wesenlosen verdammt. Auferstehen könnte nur, was sterblich war. Motiviert ist der abscheuliche Brauch vom materiellen Interesse, das die Bestimmung der Sache selbst verbietet: man soll dem Ding nicht ansehen, wann es herauskam, damit nicht der Leser, für den nur das Frischeste gut genug ist, den Verdacht schöpfe, es handle sich um einen Ladenhüter, also um etwas, was jene Dauer sucht, die in der Form des Buches selbst, als eines Gedruckten und womöglich Gebundenen, versprochen wird. Trauert man aber dem nach, daß sie auch den Ort des Verlags unterschlagen – um so prätentiöser prangt dafür der Verlegername –, so klärt einen der Sachverständige sogleich darüber auf, daß die provinzialen

Zentren der Buchproduktion durch den Konzentrationsprozeß des Verlagswesens immer gleichgültiger werden und daß an sie zu erinnern selber provinziell sei. Was soll es schon nutzen, unter einen Buchtitel zu drucken: New York 1950? Nein, es nutzt nichts.

*

Photographische Neu-Editionen von Originalausgaben Fichtes oder Schellings gleichen den Neudrucken alter Briefmarken aus der Epoche vor 1870. Das physisch Intakte daran warnt vor Fälschung, ist aber auch sinnliches Zeichen eines geistig Vergeblichen, der Wiederbelebung von Vergangenem, das bloß durch Distanz, als Vergangenes, bewahrt werden könnte. Renaissancen sind Totgeburten. Indessen kommt man bei der zunehmenden Schwierigkeit, die Originale sich zu beschaffen, ohne die peinlichen Doubletten kaum aus und empfindet für sie die Baudelairesche Liebe zur Lüge. So war das Kind glücklich, das im Briefmarkenalbum das für die kostbare Dreißiger Orange von Thurn und Taxis reservierte Feld mit einer allzu leuchtenden Marke ausfüllen durfte, wissend, daß es hinters Licht geführt werde.

*

Kantische Erstausgaben stehen dem Apriori des Inhalts bei, dauerhaft für die bürgerliche Ewigkeit. Der Buchbinder hat sie als ihr transzendentales Subjekt erzeugt. – Bücher, deren Rücken wie Literatur, deren fleckige Karton-Einbände wie für den Schulgebrauch aussehen. Schiller, mit Recht. – Baudelaireausgabe, angeschmutztes Weiß, blauer Rücken, wie die Pariser Metro noch vor dem Krieg, erster Klasse, antike Moderne. – Auf zeitgenössischen Illustrationen zu Märchen von Oscar Wilde sind die Prinzen schon wie die boys abkonterfeit, nach denen der Autor begehrte, während er doch die unschuldigen Märchen als Alibi schrieb. – Revolutionäre Flugschriften und ihnen verwandte: wie von Katastrophen ereilt, selbst wenn sie nicht älter sind als 1918. Man sieht ihnen an, daß, was sie wollten, nicht sich verwirklichte. Daher ihre Schönheit, dieselbe, welche in Kafkas Prozeß die Angeklagten gewinnen, deren Hinrichtung vom ersten Tag an feststeht.

*

Ohne die schwermütige Erfahrung der Bücher von außen wäre keine Beziehung zu ihnen, kein Sammeln, schon gar nicht die Anlage einer Bibliothek möglich. Wie wenig liest, wer mehr besitzt, als auf einem Spind sich zusammenpressen läßt, von dem, woran er hängt. Jene Erfahrung ist physiognomisch, so gesättigt mit Sympathie und Antipathie, auch so irrlichterhaft und ungerecht wie die physiognomische an Menschen. Das Schicksal der Bücher hat seinen Grund darin, daß sie Gesichter haben, und die Trauer vor den heute erscheinenden den, daß ihr Antlitz beginnt, ihnen abhanden zu kommen. Die physiognomische Haltung zum Auswendigen der Bücher jedoch ist das Gegenteil der bibliophilen. Sie spricht an aufs geschichtliche Moment. Bibliophiles Ideal dagegen sind Bücher, die der Geschichte enthoben wären, ergattert an ihrem ersten Tag, den sie vermessen konservieren. Schönheit erhofft sich der Bibliophile von Büchern ohne Leid; sie sollen neu auch als alte sein. Ihren Wert soll das Unbeschädigte garantieren; insofern ist die bibliophile Stellung zum Buch outriert bürgerlich. Das Beste entgeht ihr. Leid ist die wahre Schönheit an den Büchern; ohne es wird sie zur bloßen Veranstaltung korrumpiert. Dauer, Unsterblichkeit, die sich selbst setzt, hebt sich auf. Wer das spürt, hat eine Aversion gegen unaufgeschnittene Bücher; die jungfräulichen gewähren keine Lust.

*

Vag ist, was die Bücher von außen sagen, als Versprechen: das ihrer Ähnlichkeit mit dem, was sie enthalten. Die Musik hat, in einer der Schichten ihrer Notation, dies Moment realisiert; Noten sind nicht nur Zeichen, sondern in ihren Linien, Tonköpfen, Bögen und ungezählten graphischen Momenten immer auch Bilder des Erklingenden. Sie bannen, was in der Zeit geschieht und mit ihr enteilt, in die Fläche, freilich um den Preis von Zeit selbst, der leibhaften Entwicklung. Die ist aber der Sprache ebenso wesentlich, und deshalb erwartet man von den Büchern dasselbe. Nur ward in ihr, gemäß dem Vorrang des begrifflich-signifikativen Aspekts, vom Druck das mimetische Moment gegenüber dem Zeichensystem unvergleichlich viel weiter zurückgedrängt als in der Musik. Weil jedoch das Ingenium der Sprache immer noch darauf besteht, während sie es verweigert und verstreut, enttäuscht die Auswendigkeit der Bücher, verwandt der der Embleme, deren Ähnlichkeit mit ihrer Sache vieldeutig ist. Unter denen der Melancholie figuriert das Buch schon seit Jahrhunderten, noch am Anfang von Poes Raven und bei Baudelaire fehlt es nicht: etwas Emblematisches eignet der imago aller Bücher, wartend, daß der tiefe Blick ins Äußere dessen Sprache erwecke, eine andere als die inwendige, gedruckte. Einzig in exzentrischen Zügen des zu Lesenden überlebt jene Ähnlichkeit, wie in der hartnäckigen und abgründigen Leidenschaft Prousts, ohne Abschnitte zu schreiben. Er ärgerte sich an der Forderung bequemen Lesens, die das graphische Bild nötigt, kleine Brocken zu servieren, welche der begierige Kunde leichter verschlucken kann, auf Kosten der Kontinuität der Sache. Durch die Polemik gegen den Leser bildet der Satzspiegel jener sich an, literarische Autonomie führt zurück auf die mimetische Verhaltensweise der Schrift. Sie schafft Prousts Bücher um in Noten des inneren Monologs, den seine Prosa gleichzeitig spielt und begleitet. Überall jedoch sucht das Auge, das der Fluchtbahn des Drucks folgt, solche Ähnlichkeiten. Weil keine zwingend ist, vermag ein jedes graphische Element, eine jede Beschaffenheit von Band, Papier und Druck zu ihrem Träger zu werden; wo immer nämlich der Lesende im Buch selber mimetische Impulse innerviert. Gleichwohl sind solche Ähnlichkeiten keine bloßen subjektiven Projektionen, sondern haben ihre objektive Legitimation in den Unebenheiten, Rissen, Löchern und Griffen, welche Geschichte in die glatten Wände des graphischen Zeichensystems, der materiellen Komponenten und Akzidentien der Bücher geschlagen hat. In solcher Geschichte enthüllt sich das gleiche wie in der des Inhalts: jener Baudelaireband, der aussieht wie eine klassizistische Untergrundbahn, konvergiert mit dem, was als Gehalt der Dichtungen historisch hervortritt, die er verschließt. Die Gewalt der Geschichte über die Erscheinung des Einbands und sein Schicksal ebenso wie über das Gedichtete ist aber soviel größer selbst als jede Differenz von Innen und Außen, Geist und Stoff, daß sie die Spiritualität der Werke zu überflügeln droht. Das ist das innerste Geheimnis der Trauer älterer Bücher, auch die Anweisung, wie man mit ihnen und, nach ihrem Muster, mit Büchern überhaupt umzugehen habe. Der, in dem mimetischer und musikalischer Sinn tief genug sich durchdringen, wird allen Ernstes fähig sein, nach dem Notenbild ein Werk zu beurteilen, schon ehe er es in die Vorstellung des Gehörs voll umgesetzt hat. Bücher sind dagegen spröde. Aber der ideale Leser, den sie nicht dulden, wüßte doch, indem er den Einband in der Hand fühlt, die Figur des Titelblatts wahrnimmt und die Gestaltqualität der Seiten, etwas von dem, was darin steht, und ahnte, was es taugt, ohne daß er es erst zu lesen brauchte.

Rede über ein imaginäres Feuilleton

Für Z.

Der kurze Text, den ich ausgewählt habe, um einige der Gründe zu nennen, warum ich ihn liebe, ist ein selbständiges Prosastück und ist es doch nicht. Er findet sich in den Verlorenen Illusionen. So heißt der erste der beiden langen Romane Balzacs, die, rauschend wie das gleichzeitig aufkommende große Orchester, Erhebung und Sturz des Jünglings Lucien Chardon schildern, der später den Namen de Rubempré trägt. Das Prosastück ist ein inmitten der Erzählung wiedergegebenes Feuilleton Luciens, nach Balzacs Worten sein erster Artikel. Er schreibt ihn nach der Première eines Boulevardstücks, die ihm Kontakt verschafft mit dem Journalismus und eine Liebschaft mit der Hauptdarstellerin. So reizvoll wird diese beschrieben, daß die Heldin des zweiten Lucien-Romans, Glanz und Elend der Kurtisanen, die von Hofmannsthal märchenhaft genannte Esther, es schwer hat, das lockende Bild zu überbieten. Die Souper-Gesellschaft, von der Lucien sich absondert, um jenes Feuilleton zu schreiben, entscheidet über sein Leben. Sie schwemmt ihn weg aus dem strengen, liberal-fortschrittlichen Kreis von Intellektuellen, der um den Dichter d'Arthez – das Selbstporträt Balzacs – sich gruppiert. Lucien taumelt in den Verrat an seinen Idealen, und bald, obzwar unwillentlich, auch an seinen früheren Freunden. Aber die Verführung selbst ist so plausibel, so phantasmagorisch die nach dem Willen Balzacs korrupte Welt, die dem Jüngling sich öffnet, daß darüber der Begriff des Verrats zerrinnt wie oftmals die großen sittlichen Begriffe in den unendlich gleitenden Begebenheiten des Lebens. Sei's auch gegen die ausdrückliche Intention Balzacs, gewinnt Lucien soviel Recht, wie es der ungeschmälerten sinnlichen Erfüllung vor dem Geist zukommt. Denn dieser führt stets etwas Aufschiebendes und Vertröstendes mit sich, wo die Menschen in der widervernünftigen Gegenwart einen Anspruch aufs Glück haben, ohne den alle Vernunft nur Unvernunft wäre: dies Moment spricht für Lucien. Die Verflechtung seines Schicksals in die Gesellschaft, der er sich fremd weiß, sein eigener Glanz und sein eigenes Elend, all das sammelt sich wie in einem Brennspiegel in dem Feuilleton, das Balzac ihm so in die Feder diktiert, als teilte er den Wunsch des jungen Literaten, »vor so bemerkenswerten Personen seine Probe abzulegen«. In dem Mikrokosmos des Aufsatzes wird der Herzschlag des Romans und seines Helden von Sekunde zu Sekunde mitgezählt.

Von geringeren Romanciers unterscheidet Balzac sich allein schon dadurch, daß er nicht über das Feuilleton schwatzt, sondern es hinstellt. Andere hätten mit der Versicherung sich begnügt, Lucien sei ein talentierter Journalist gewesen, und etwa mit Phrasen sich beholfen wie der, daß geistreiche Einfälle, Witzworte bei ihm einander folgten wie glitzernde Bälle. Solche Beteuerungen überläßt Balzac den Journalisten aus Luciens Milieu; an ihrer Statt beweist er die geistige Begabung konkret an ihrem Produkt. Er ist nicht, was Kierkegaard Prämissenschriftsteller nennt. Nie zehrt er von dem, was er seinen Figuren zuspricht, was sie angeblich sind, ohne es in der Sache selbst zu realisieren. Er hat im höchsten Maß jene Anständigkeit, welche die Moral bedeutender Kunstwerke ausmacht. Wie ein Komponist mit dem ersten Takt einen Vertrag unterzeichnet, den er durch Konsequenz einlöst, so honoriert Balzac den epischen Vertrag: nichts sagen, was nicht berichtet wäre. Selbst der Geist wird Erzählung. Zwar vermeldet Balzac, Luciens Feuilleton hätte im Journalismus durch seine neue, originale Art Revolution gemacht, aber er erfüllt dabei selbst den Anspruch der Neuheit und Originalität. Und zwar auf eine Weise, die wiederum dem ästhetischen Kompositionsprinzip des Romans Ehre antut. Nirgends nämlich erfährt man den Inhalt des Stücks, um das es geht; weder bei der Beschreibung des Theaterabends noch dann aus dem Feuilleton. Vielmehr wird die hispanische Komödie als vorhanden fingiert und dann die Fiktion in Luciens Bericht über die Wirkung auf ihn nochmals gespiegelt. In dieser Brechung treten die privaten Bezüge hervor, Luciens Absicht, dem Stück zu nützen und seiner Geliebten. Das Feile, Unsachliche des archaischen Journalismus, den der gesamte Roman verklagt, wird nicht beschönigt. Aber Luciens Unsachlichkeit ist zugleich Befreiung vom Zwang der Sache, die Entfaltung eines selbständigen Spiels der Einbildungskraft. Noch was der illegitimen Reklame dient, hat seine Wahrheit. Balzac weiß, daß, im Gegensatz zur offiziellen Ästhetik, die künstlerische Erfahrung nicht rein ist; daß sie es kaum sein kann, wenn sie Erfahrung werden soll. Keiner verstünde ganz, was eine Oper ist, wer nicht als Junge während der Aufführung auch in die Koloratursopranistin sich verliebt hätte; in dem Zwischenreich von Eros und interesselos betrachtetem Werk kristallisieren sich die Bilder, deren Inbegriff die Kunst ist. Lucien ist noch der große Junge, der in diesem Zwischenreich schwärmt. Daher, und nicht bloß aus schlauer Absicht, unterschiebt er seine private Reaktion auf das ästhetische Phänomen anstelle von dessen abwägender Analyse. Was immer später unter dem Namen impressionistische Kritik ging, wird von Balzac in dem Artikel, der gar keiner ist, mit einer Frische und Leichtigkeit, die nie zu überbieten war, im frühen neunzehnten Jahrhundert antizipiert. Man erlebt die Geburt des Feuilletons, als wäre es die der goldenen Aphrodite. Und das Zum-ersten-Mal verleiht der nichtswürdigen Form versöhnende Anmut. Sie gerät desto hinreißender, weil sie vor der Folie all des Verfalls entworfen ist, der dem Feuilleton schon am ersten Tag als Potential innewohnte und in den sechzig oder siebzig Jahren danach sichtbar zutage trat. Beschworen wird das Gedächtnis an Karl Kraus, der den Journalismus verdammte, ohne doch je ein abschätziges Wort zu sagen über die gleißend todgeweihte Welt der Lulu, deren Tragik in den beiden männlichen Hauptfiguren, Schön und Alwa, den zynischsten Journalismus voraussetzt.

Vielleicht ist es gerade das Schamlose, um moralische Rationalisierung gänzlich Unbekümmerte in Luciens Aufsatz, das ihn rehabilitiert. Mit einem wahren Geniestreich hat Balzac dafür Sorge getragen, daß er entsühnt werde, ohne ihn zu entschuldigen. In dem Satz, wo Lucien schreibt, was man nicht alles beim Anblick der unwiderstehlichen Coralie ihr anzutragen bereit wäre, stehen, nach dem Herzen und der Rente von dreißigtausend Livres, auch die Worte »und seine Feder«. Er bekennt die eigene Korruption und widerruft sie damit, ein Falschspieler, der die Karten auf den Tisch legt –; und erklärt sie zugleich. Indem Lucien dem verlogenen Zwang, nach einem bunten Theaterabend mit geläutertem Geschmack Stellung zu nehmen und besonnen zu richten, ein Schnippchen schlägt, wird das Feuilleton frei für seine spontanen Regungen, zumal seine Verliebtheit in die, mit der er auf der gleichen Soirée, wo er das Feuilleton verfaßt, sich benimmt »wie ein fünfzehnjähriges Pärchen«. Die Welt, die eine Sekunde lang ihm zu Füßen liegt, behandelt sein Exhibitionismus, als wäre es nicht die Welt, sondern frei. Dadurch erprobt sich Lucien noch in der anrüchigen Zweideutigkeit als der höher Geartete. Coralie erwähnt er im Feuilleton nur desultorisch, in eingesprengten Sätzen, flimmernden Glanzlichtern. Mehr als von ihr selbst ist von ihren Füßen und von ihren schönen Beinen die Rede. Balzacs Genius beweist nicht zuletzt sich darin, daß seine individuelle Innervation kollektiven Reaktionsweisen entspricht, die erst in einer Zeit sich ausbreiteten, der er bereits historisch war; er hat, übrigens nicht nur in jenem Feuilleton, den Reiz von Beinen wohl überhaupt für die Literatur entdeckt.

Lucien ist verblendet, aber nicht blind. Seine affektierte Gleichgültigkeit gegen Handlung, Sprache, dichterische Qualität des Stücks läßt Kritik durchschimmern. Der Schmarren ist ihm nicht der Mühe wert, darauf einzugehen, er attestiert ihm kaum mehr als die vis comica der Wirkung: daß man darüber lachen muß. Aber das Feuilleton hat zugleich auch unverkennbar das Schlechte seiner Gattung, die unverschämte Verachtung des Objekts und der Wahrheit; die Bereitschaft, durch Stimmung, Wortkunst, jonglierende und variierende Wiederholung, den Geist zu verschachern, der doch wiederum in all dem sich manifestiert. So doppeldeutig steht aber auch das Feuilleton im Gefüge des Romans. Während es Lucien emporträgt und für ein paar Monate der Misere entreißt, die damals wie heute der künstlerischen Integrität droht, macht es ihm bereits den Freund, der ihn bei den Journalisten und Schauspielerinnen einführt, zum Neider und geheimen Feind. Der Erfolg, den man ihm auf Widerruf zubilligt, wird durch eine beiläufige Konversation zum Beginn der ersten Katastrophe seines Lebens, die Coralie vernichtet und aus der ihn kein anderer rettet als ein Schwerverbrecher.

Sein Feuilleton ist entzückend in eins und abscheulich. Es gestaltet, worauf sonst Autoren bloß Vorschußlorbeeren einkassieren; es begründet den Abfall des Helden, begründet das Verdikt über ihn und entlastet ihn, alles mit ein paar Sätzen, die so unabsichtlich gefügt sind, wie nur ein wirklich Hochtalentierter so etwas hätte improvisieren können. Die im wahren Sinn unerschöpfliche Fülle der Bezüge entfaltet sich ohne jeden Zwang, ohne die Spur von Willkür. Die Motive des Feuilletons strömen ihm aus dem Stoff des Romans zu; nicht ein Satz verdankt sich der Absicht des Dichters, alles dem Sachgehalt, dem Naturell des Helden und seiner Situation; so wie einzig in den großen Kunstwerken noch das scheinbar Zufällige und Bedeutungslose symbolisch wird, ohne irgend zu symbolisieren. Aber nicht einmal diese Meriten umschreiben ganz den Rang der paar Seiten. Er bestimmt sich durch ihre kompositorische Funktion. Das strikt durchgeführte Kunstwerk im Kunstwerk schlägt, inmitten der atemlos steigenden und sinkenden Handlung, die Augen auf. Es ist die Selbstbesinnung des Kunstwerks. Dieses wird seiner selbst als des Scheines inne, der auch die illusionäre Journalistenwelt bleibt, in welcher Lucien seine Illusionen verliert. Dadurch wird der Schein über sich erhoben. Ehe nur literarhistorisch der reflexionslos naturalistische Roman sich recht konsolidierte, hat Balzac, den man unter die Realisten einreiht und der nach vieler Hinsicht auch einer war, die geschlossene Immanenz des Romans durch das eingelassene Feuilleton bereits gesprengt. Seine Erben im Roman des zwanzigsten Jahrhunderts waren Gide und Proust. Sie haben die scheinhafte Grenze zwischen Schein und Realität verflüssigt und der verpönten Reflexion Raum geschaffen, indem sie es verschmähen, deren Antithese zur vorgeblich reinen Anschauung verbissen durchzuhalten. In diesem Zug ist jenes Balzacsche Stück ein exemplarisches Programm der Moderne. Es mahnt – auch das ist in der Comédie humaine nicht vereinzelt – schon an Thomas Manns Leverkühn, dessen nichtexistente Musik bis ins einzelne beschrieben wird, als lägen die Partituren vor. Das Kunstmittel schält bruchstückhaft und doch einheitlich die Bedeutungen heraus und konkretisiert sie zugleich. Anders wären sie bloße Weltanschauung, bloß äußerlich gesetzt. Solche Selbstbesinnung und Suspension aber ist wohl die Signatur großer Epik. Sie wird, was sie ist, dadurch, daß sie mehr ist, als sie ist, so wie einst die Homerischen Epen Kunstwerke wurden, indem sie von einem Stoff erzählten, der in der ästhetischen Form nicht aufgeht.

Ich weiß nicht, ob es mir gelungen ist, klar genug zu sagen, warum ich jene Seiten liebe. Ergänzen möchte ich es, indem ich auf eine eigene Impression mich beziehe. Bei der Lektüre des Feuilletons und der Romanteile, die es umgeben, fällt mir eine Musik von Alban Berg ein, und zwar gerade eine zu Wedekinds Lulu: die Variationen, die dem Salon des Marquis Casti-Piani gelten, wo alles gewonnen wird und alles verspielt, und aus dem die Schönste dem Netz von Polizei und Mädchenhändlern entrinnt ins Finstere. Etwas von dieser Schwärze und von diesem Leuchten hat Balzacs Roman.

Die Seiten der Verlorenen Illusionen, welche die Mitte des Romans bilden und in denen er sich verschlüsselt, lauten in der Übersetzung Otto Flakes aus der Gesamtausgabe des Rowohltverlages:

»Lucien mußte lachen und betrachtete Coralie. Die reizende Schauspielerin gehörte zu jenem Typus, der nach Belieben die Männer faszinierte. Sie vereinigte alle Vorzüge der jüdischen Rasse in sich, mit ihrem ovalen Gesicht von der Farbe blonden Elfenbeins, dem granatroten Mund und dem Kinn, das fein wie ein Kelchrand war. Unter Lidern, die das Feuer hüteten, unter aufgebogenen Wimpern drang ein Blick hervor, schmachtend oder brennend, wie die Glut der Wüste. Die Augen, um die ein Kreis in den Tönen der Oliven spielte, wurden von geschwungenen starken Brauen überwölbt. Die nachtschwarzen Flechten, die dieselben Lichter wie Lack trugen, umschlossen eine braune Stirn, auf der so erhabene Gedanken ruhten, daß man an ein Genie dachte. Aber wie viele Schauspielerinnen besaß Coralie keinen Geist trotz ihrer Kulissenironie und keine Bildung trotz ihrer Boudoirerfahrung; sie hatte den Geist der Sinne und die Güte der Frauen, die der Liebe ergeben sind. Im übrigen hielt man sich nicht lange bei der Moral auf angesichts ihrer runden, glatten Arme, der wie Spindeln auslaufenden Finger, der goldgetönten Schultern, der vom Hohen Lied besungenen Brust, dem geschmeidigen Hals und den Beinen, die von einer bewunderungswürdigen Eleganz waren und durch Strümpfe von roter Seide schimmerten. Die orientalische Poesie dieser Schönheiten wurde noch durch das herkömmliche spanische Kostüm unserer Theater hervorgehoben. Der ganze Saal hing an ihren Hüften, die der kurze Rock fest umschloß, und an ihrer andalusischen Kruppe, die sich herausfordernd wölbte.« . . .

»Lucien, den der Wunsch trieb, vor so bemerkenswerten Personen seine Probe abzulegen, schrieb an dem runden Tisch im Boudoir Florines beim Licht der rosa Kerzen, die Matifat angesteckt hatte, seinen ersten Artikel:

Der Alkalde in Verlegenheit
Erstaufführung im Panorama Dramatique
Eine neue Schauspielerin: Fräulein Florine
Fräulein Coralie
Bouffé

›Man kommt, man geht, man spricht, man sucht etwas und findet es nicht, alles ist in Bewegung. Der Alkalde hat seine Tochter verloren und findet seine Mütze, aber die Mütze paßt ihm nicht, es muß die Mütze eines Diebes sein. Wo ist der Dieb? Man kommt, man geht, man spricht, man sucht von neuem. Der Alkalde findet zu guterletzt einen Mann ohne seine Tochter und seine Tochter ohnen einen Mann, was dem Beamten genügt, aber nicht dem Publikum. Die Ruhe kehrt wieder, der Alkalde will den Mann ausforschen. Der alte Alkalde setzt sich in einen großen Alkaldensessel und zupft seine Alkaldenärmel zurecht. Spanien ist das einzige Land, wo Alkalden an so große Ärmel geknüpft sind, wo man um den Hals der Alkalden jene Krausen sieht, die auf den Theatern von Paris schon den halben Mann bedeuten. Dieser Alkalde, dieser kleine trippelnde Greis, ist Bouffé, Bouffé, der Nachfolger Potiers, ein junger Schauspieler, der die ältesten Greise so gut spielt, daß er die ältesten Männer zum Lachen brachte. Seine kahle Stirn, seine meckernde Stimme, die schlotternden Spitzen auf dem schmächtigen Leib, das war die Quintessenz von hundert Greisen. Er ist so alt, der junge Schauspieler, daß er erschreckt, man hat Furcht, sein Alter möchte sich wie eine ansteckende Krankheit verbreiten. Und was für ein prächtiger Alkalde, so dumm und so wichtig, so dumm und so würdig! Wie salomonisch als Richter, wie sehr weiß er, daß alles was wahr ist, gleich darauf falsch sein kann! Er hatte ganz das Zeug, der Minister eines verfassungsmäßigen Königs zu sein! . . .

Die Tochter des Alkalden wurde von einer echten Andalusierin gespielt, spanisch ihre Blicke, spanisch ihr Teint, spanisch die Taille und der Gang, kurzum, eine Spanierin von Kopf zu Fuß, im Strumpfband der Dolch, im Herz die Liebe und auf der Brust das Kreuz am Band. Beim Aktschluß fragte mich jemand nach dem Gang des Stückes. Ich gab zur Antwort: sie trägt rote Strümpfe mit grünen Zwickeln, sie hat ein Füßchen, so groß, in Schuhen von Lack und das schönste Bein von Andalusien! Weiß Gott, daß jedem beim Anblick dieser Alkaldentochter das Wasser im Munde zusammenlief, man war nahe daran, auf die Bühne zu springen und ihr seine Hütte und sein Herz oder dreißigtausend Livres Rente und seine Feder anzutragen. Diese Andalusierin ist die schönste Schauspielerin von Paris. Coralie, da ich ihren Namen nennen muß, ist die Frau, um Gräfin oder Grisette zu werden. Was ihr besser stände, weiß man nicht. Sie wird, was sie werden will, sie ist geboren, um alles zu tun; Besseres kann man von einer Schauspielerin am Boulevard nicht sagen.

Im zweiten Akt traf eine Spanierin aus Paris ein, ein Kameengesicht mit mörderischen Augen; ich habe meinerseits gefragt, woher sie kam, man hat mir geantwortet, daß sie aus der Kulisse stammt und Fräulein Florine heißt; aber meiner Treu, ich konnte es nicht glauben, soviel Feuer war in ihren Bewegungen, soviel Glut in ihrer Liebe. Florine hatte zwar keine roten Strümpfe mit grünen Zwickeln, noch trug sie Schuhe von Lack, sie trug eine Mantille und einen Schleier und trug sie wunderbar, ganz die große Dame. Sie führte uns das vor, wie die Tigerin die Krallen einzieht und zum Kätzchen wird. An den scharfen Worten, die die beiden Spanierinnen sich zuwarfen, habe ich erraten, daß es sich um irgendein Eifersuchtsdrama handelt. Als alles in Ordnung kommen wollte, hat die Dummheit des Alkalden alles wieder durcheinandergeworfen. Diese ganze Welt von Fackelträgern, Dienern, Figaros, Herrn, Alkalden, Mädchen und Frauen begann abermals zu kommen, zu gehn, zu suchen. Die Intrige schürzt sich von neuem, und ich ließ sie sich entschürzen, denn die eifersüchtige Florine und die glückliche Coralie verwickelten mich von neuem in die Falten, die ihr Röckchen warf, zogen mich von neuem in den Kreis, den ihre Mantille beschrieb, und wenn ich etwas sah, so waren es die Spitzen ihrer kleinen Füße.

Ich erlebte auch den dritten Akt, ohne ein Unglück anzurichten, ohne nach dem Polizeikommissar zu rufen, ohne den Zuschauerraum in Aufruhr zu bringen, und ich glaube seither an die Macht der öffentlichen Moral und den Einfluß der Religion, womit man sich in der Kammer der

Abgeordneten soviel beschäftigt, derzufolge es keine Moral in Frankreich mehr gibt. Es wurde mir klar, daß es sich um einen Mann handelt, der zwei Frauen liebt, ohne von ihnen geliebt zu werden, oder einen Mann, der von ihnen geliebt wird, ohne sie zu lieben, oder einen Mann, der die Alkalden nicht liebt, es sei denn, daß die Alkalden ihn nicht lieben, aber gewiß ist er ein braver Mann, der jemand liebt, entweder sich selbst oder in Gottes Namen den lieben Gott, denn er wird Mönch. Wenn Sie mehr wissen wollen, müssen Sie schon ins Panorama Dramatique gehen. Das müssen Sie überhaupt tun, das erste Mal, um Ihr kaltes Blut an den rotgrünen Seidenstrümpfen, an den Füßchen der Verführung, an den Glutaugen zu erwärmen und Zeuge zu sein, wie eine reizende Pariserin als Andalusierin und eine Andalusierin als Pariserin aussieht. Und dann ein zweites Mal, um das Stück zu genießen, in dem man dank jenem Greis und jenem verliebten Herrn bis zu Tränen lacht. Unter beiden Gesichtspunkten hat das Stück Erfolg gehabt.‹«

Sittlichkeit und Kriminalität
Zum elften Band der Werke von Karl Kraus

Für Lotte von Tobisch

Der Herausgeber der neuen Edition von ›Sittlichkeit und Kriminalität‹, Heinrich Fischer, sagt im Nachwort, kein Buch von Karl Kraus sei aktueller als dies vor bald sechzig Jahren publizierte. Das ist die pure Wahrheit. Trotz allem Geschwätz vom Gegenteil hat in der Grundschicht der bürgerlichen Gesellschaft nichts sich geändert. Böse hat sie sich vermauert, als wäre sie so naturgesetzlich-ewig, wie sie es ehedem in ihrer Ideologie positiv behauptete. Sie läßt die Verhärtung des Herzens, ohne welche die Nationalsozialisten nicht unbehelligt Millionen hätten morden können, so wenig sich abmarkten wie die Herrschaft des Tauschprinzips über die Menschen, den Grund jener subjektiven Verhärtung. Flagrant wird das am Bedürfnis, zu bestrafen, was nicht zu bestrafen wäre. Die Judikatur maßt, nach der Diagnose von Kraus, mit der Verstocktheit des gesunden Volksempfindens das Recht zur Verteidigung nicht-existenter Rechtsgüter sich an, selbst wo nachgerade sogar die offizielle Wissenschaft in der Majorität ihrer Vertreter nicht länger zu dem sich hergibt, wogegen in den ersten Jahren des Jahrhunderts nur wenige, damals von Kraus gerühmte Psychologen wie Freud und William Stern anzugehen wagten. Je geschickter das fortdauernde soziale Unrecht unter der unfreien Gleichheit der Zwangskonsumenten sich versteckt, desto lieber zeigt es im Bereich nicht-sanktionierter Sexualität seine Zähne und bedeutet den erfolgreich Nivellierten, daß die Ordnung im Ernst nicht mit sich spaßen läßt. Geduldetes Freiluftvergnügen und ein paar Wochen mit einteiligem Bikini haben womöglich nur eine Wut gesteigert, die, hemmungsloser als je die von ihr verfolgten sogenannten Laster, sich zum Selbstzweck wird, seitdem sie auf die theologischen Rechtfertigungen verzichten muß, die zuzeiten auch für Selbstbesinnung, und Duldung, Raum gewährten.

Der Titel ›Sittlichkeit und Kriminalität‹ wollte ursprünglich nichts, als zwei Zonen auseinanderhalten, von denen Kraus wußte, daß sie nicht bruchlos ineinander aufgehen; die der privaten Ethik, in der kein Mensch über einen anderen richten dürfe, und die der Legalität, welche Eigentum, Freiheit, Unmündigkeit zu schützen habe. »Wir können uns nicht daran gewöhnen, Sittlichkeit und Kriminalität, die wir so lange für siamesische Begriffszwillinge hielten, von einander getrennt zu sehen.«[1]) Denn: »die schönste Entfaltung meiner persönlichen Ethik kann das materielle, leibliche, moralische Wohl meines Nebenmenschen, kann ein Rechtsgut gefährden. Das Strafgesetz ist eine soziale Schutzvorrichtung. Je kulturvoller der Staat ist, umso mehr werden sich seine Gesetze der Kontrolle sozialer Güter nähern, umso weiter werden sie sich aber auch von der Kontrolle individuellen Gemütslebens entfernen.«[2]) Diesem Gegensatz genügt jedoch nicht einfach die Trennung verschiedener Gebiete. Er drückt den Antagonismus eines Ganzen aus, welches nach wie vor die Versöhnung des Allgemeinen und des Besonderen beiden verweigert. Zur Dialektik wird Kraus allmählich von der Gewalt der Sache gedrängt, und ihr Fortgang schafft die innere Form des Buches. Sittlichkeit, die herrschende, jetzt und hier geltende, produziere Kriminalität, werde kriminell. Berühmt wurde der Satz: »Ein Sittlichkeitsprozeß ist die zielbewußte Entwicklung einer individuellen zur allgemeinen Unsittlichkeit, von deren düsterem Grunde

[1]) Karl Kraus, Sittlichkeit und Kriminalität, Elfter Band der Werke, München, Wien (1963), S. 66.
[2]) a.a.O.

sich die erwiesene Schuld des Angeklagten leuchtend ab-
hebt.«[3])

Die Befreiung des Sexus von seiner juristischen Bevor-
mundung möchte tilgen, wozu ihn der soziale Druck macht,
der in der Psyche der Menschen als Hämischkeit, Zote,
grinsendes Behagen und schmierige Lüsternheit sich fortsetzt. Die Libertinage des Amüsierbetriebes, die Anführungszeichen, in die ein Gerichtsreporter das Wort Dame
setzt, wenn er ihr Privatleben betasten will, und die offizielle Entrüstung sind von gleichem Blute. Kraus wußte alles über die Rolle des Sexualneids, der Verdrängung und
der Projektion in den Tabus. Mag er darin bloß für sich
wiederentdeckt haben, was nachsichtige Skepsis von je vor-
brachte – und der Parodist Kraus ist einer der wenigen in
der Geschichte, der nicht, als Freund alter Sitten, ins Ge-
zeter über Verderbnis einstimmte; quo usque tandem abu-
tere, Cato, patientia nostra?, fragte er –: der antipsycholo-
gische Psychologe verfügt auch über Einsichten recentester
Art wie die in die Gereiztheit des Glaubens, sobald er seiner selbst nicht mehr sicher ist: »Man muß die leichte Reiz-
barkeit des katholischen Gefühls kennen. Es gerät immer in
Wallung, wenn der Andere es nicht hat. Die Heiligkeit
einer religiösen Handlung hält den Religiösen nicht so ganz
gefangen, daß er nicht die Geistesgegenwart hätte, zu kon-
trollieren, ob sie den Andern gefangen hält, und die von
wachsamen Kooperatoren geführte Menge hat sich daran
gewöhnt, die eigentliche Andacht nicht so sehr im Abneh-
men des Hutes wie im Herunterschlagen des Hutes zu betä-
tigen.«[4]) Das verdichtet er zur Sentenz: »Gewissensbisse sind
die sadistischen Regungen des Christentums. So hatte Er's
nicht gemeint.«[5]) Nicht nur den Zusammenhang der Tabus

[3]) a.a.O., S. 173.
[4]) a.a.O., S. 223 f.
[5]) a.a.O., S. 249.

mit einem in sich selbst unsicheren religiösen Eifer hat er gewahrt, sondern auch jenen mit völkischer Ideologie, den die Sozialpsychologen erst ein Menschenalter später erhärten konnten. Wo er gleichwohl gegen die Wissenschaft, zumal die Psychologie, seine Pointen kehrt, bekämpft er nicht die Humanität von Aufklärung sondern ihre Inhumanität, das Einverständnis mit dem herrschenden Vorurteil, den Hang zum Schnüffeln, zum Einbruch in die Privatsphäre, die zumindest in ihren Anfängen die Psychoanalyse vor gesellschaftlicher Zensur retten wollte. Wissenschaft so wenig wie irgendeine isolierte Kategorie ist ihm als solche gut oder schlecht. Das Bewußtsein von der unseligen Verkettung des Ganzen hebt die Position von Kraus scharf von der einer Toleranz im schmählichen Ganzen ab, die auch es toleriert und ihrerseits, geschäftlichen Interessen hörig, den Puritanismus als dessen Reversbild ergänzt. Kraus hütet sich, gegen das herrschende Unwesen Freiheit frisch-fröhlich zu entwerfen. Der für Philosophie, trotz des unvergleichlichen Gedichts über Kant, schwerlich allzuviel Neigung hegte, hat auf eigene Faust das Prinzip der immanenten Kritik entdeckt, Hegel zufolge der allein fruchtbaren. Er akzeptiert es im Programm einer »rein dogmatische(n) Analyse eines strafrechtlichen Begriffes, die die bestehende Rechtsordnung nicht negiert, sondern interpretiert.«[6] Immanente Kritik ist bei Kraus mehr als Methode. Sie bedingt die Wahl des Gegenstands seiner Fehde mit dem bürgerlichen Kommerzialismus. Nicht bloß um der glanzvollen Antithese willen verhöhnt er die Käuflichkeit der Presse und verteidigt die der Prostitution: »So hoch das Freimädchen moralisch über dem Mitarbeiter des volkswirtschaftlichen Teiles steht, so hoch steht die Gelegenheitsmacherin über dem Herausgeber. Sie hat nie gleich diesem

[6] a.a.O., S. 52, Fußnote.

vorgeschützt, die Ideale hochzuhalten, aber der von der geistigen Prostitution seiner Angestellten lebende Meinungsvermittler pfuscht oft genug der Kupplerin auf ihrem eigensten Gebiet ins Handwerk. Nicht in puritanischem Entsetzen habe ich hin und wieder auf die Sexualinserate der Wiener Tagespresse hingewiesen. Unsittlich sind sie bloß im Zusammenhang mit der vorgeblich ethischen Mission der Presse, geradeso wie Inserate einer Sittlichkeitsliga in Blättern, die für die Sexualfreiheit kämpfen, in höchstem Grade anstößig wären. Und wie die moralistische Anwandlung einer Kupplerin auch nicht an und für sich, sondern nur im Zusammenhang mit ihrer Mission unsittlich ist.«[7])

Der Haß von Kraus gegen die Presse ist gezeitigt von seiner Besessenheit von der Forderung nach Diskretion. Auch in dieser manifestiert sich der bürgerliche Antagonismus. Der Begriff des Privaten, den Kraus ohne Kritik ehrt, wird vom Bürgertum fetischisiert zum My home is my castle. Andererseits ist nichts, das Heiligste nicht und nicht das Privateste, sicher vorm Tausch. Nie zögert die Gesellschaft, die Geheimnisse, in deren Irrationalität ihre eigene sich verschanzt, auf dem Markt auszubieten, sobald verdrückte Lust am Verbotenen dem Kapital in der Sphäre der Publizität neue Investitionschancen gewährt. Erspart blieb Kraus noch der Schwindel, der heute mit dem Wort Kommunikation getrieben wird; das wissenschaftlich wertneutrale air für das, was einer dem anderen mitteilt, um zu verschleiern, daß zentrale Stellen, die zusammengeballte wirtschaftliche Macht und ihre administrativen Handlanger, die Masse durch Anpassung an sie dupieren. Das Wort Kommunikation täuscht vor, das quid pro quo wäre die natürliche Folge der elektrischen Erfin-

[7]) a.a.O., S. 33.

dungen, die es bloß für den direkten oder indirekten Profit mißbraucht. In den Kommunikationen ist zum Gesetz des Geistes geworden, was Kraus als dessen Auswuchs vor einem Menschenalter wegschneiden wollte. Verhaßt ist ihm nicht der Kommerzialismus als solcher – das wäre nur einer Gesellschaftskritik möglich, deren Kraus sich enthielt – sondern der Kommerzialismus, der sich nicht einbekennt. Er ist Kritiker der Ideologie im genauen Sinn: er konfrontiert das Bewußtsein, und die Gestalt seines Ausdrucks, mit der Realität, die es verzerrt. Bis zu den großen Polemiken der reifen Zeit gegen Erpresserfiguren benutzte er die Prämisse, die Herrschaften sollten treiben, was sie mochten; nur sollten sie es zugeben. Ihn leitete die tiefe, wie immer auch unbewußte Einsicht, das Böse und Zerstörende höre, sobald es sich nicht mehr rationalisiert, auf, ganz böse zu sein, und möchte durch Selbsterkenntnis etwas wie zweite Unschuld gewinnen. Die Moralität von Kraus ist Rechthaberei, gesteigert bis zu dem Punkt, wo sie umschlägt in den Angriff aufs Recht selber; advokatorischer Gestus, der den Advokaten das Wort in der Kehle erstickt. Juristisches Denken nimmt er bis in die Kasuistik hinein so streng, daß das Unrecht des Rechts darüber sichtbar wird; dazu hat sich bei ihm das Erbteil des verfolgten und plädierenden Juden vergeistigt, und durch diese Vergeistigung hat zugleich das Rechthaben seine Mauern durchstoßen. Kraus ist der Shylock, der das eigene Herzblut hergibt, wo der Shakespearesche das Herz des Bürgen herausschneiden möchte. Er verbarg nicht, was er von der Jurisdiktion hielt: »»Der Richter verurteilte die Angeklagte zu einer Woche strengen Arrests.‹ Den Richter hat man.«[8] Mit desto größerem Bedacht fügte er in das Buch den Exkurs über den Begriff der Erpressung[9] ein, dem schwer-

[8] a.a.O., S. 337.
[9] Vgl. a.a.O., S. 52 ff.

lich Fachleute die Kompetenz juristischen Denkens bestritten. Der Verächter der offiziellen Wissenschaft qualifiziert sich als Wissenschaftler. Die Spur des Juridischen reicht tief bis in die Kraus'sche Sprachtheorie und -praxis hinein: er führt Prozesse in Sachen der Sprache gegen die Sprechenden, mit dem Pathos der Wahrheit wider die subjektive Vernunft. Archaisch die Kräfte, die dabei ihm zuwachsen. Sind alle Kategorien der Erkenntnis, einer wissenssoziologischen Hypothese zufolge, aus solchen der Rechtsfindung entsprungen, so desavouiert Kraus die Intelligenz, Verfallsform von Erkenntnis, ihrer Dummheit wegen, indem er sie zurückübersetzt in jene Rechtsverhältnisse, welche sie, zum formalen Prinzip ausgeartet, verleugnet. Dieser Prozeß reißt das geltende Recht in sich hinein. Kraus konstatiert: »Das Charakteristische der österreichischen Strafrechtspflege ist, daß sie Zweifel schafft, ob man mehr die richtige oder die falsche Anwendung des Gesetzes beklagen soll.«[10]) Schließlich zog er die extreme Konsequenz, als er wahrhaft das Recht in die eigene Hand nahm und 1925 in einer Vorlesung, die keiner vergessen wird, der zugegen war, den Herrn der ›Stunde‹, Imre Bekessy, mit den Worten »hinaus mit dem Schuft aus Wien« von der Stätte seines Wirkens endgültig vertrieb. Seit Kierkegaards Kampf gegen die Christenheit hat kein Einzelner so eingreifend das Interesse des Ganzen gegen das Ganze wahrgenommen.

Titel und fabula docet des Shakespeareschen ›Maß für Maß‹, das vor dem einleitenden Aufsatz ausführlich zitiert wird, sind für den immanenten Kritiker kanonisch. Als Künstler nährt ihn die Goethesche Tradition, daß eine Sache, die selber redet, unvergleichlich viel mehr Gewalt hat als hinzugefügte Meinung und Reflexion. Die Sensibilität des »Bilde Künstler, rede nicht« ist verfeinert bis zum Un-

[10]) a.a.O., S. 71.

behagen am Bilden herkömmlichen Sinnes. Kraus argwöhnt noch in der sublimen ästhetischen Fiktion das schlechte Ornament. Gegenüber dem Schrecken der nackten, ohne Zusatz hingestellten Sache erniedrigt selbst das dichterische Wort sich zur Beschönigung. Für Kraus wird die ungestalte Sache zum Ziel der Gestaltung, Kunst so geschärft, daß sie sich kaum mehr erträgt. Dadurch assimiliert seine Prosa, die sich primär als ästhetisch empfand, sich der Erkenntnis. Wie diese darf sie keinen richtigen Zustand ausmalen, der notwendig die Schmach des falschen mitschleppte, aus dem er extrapoliert ward. Lieber überantwortet verzweifelte Sehnsucht sich einer Vergangenheit, deren eigenes Grauen durch Vergängnis versöhnt erscheint, als daß Kraus für den »Einbruch einer traditionslosen Horde« einträte: mit Grund hat er »zuweilen selbst die gute Sache aus Abscheu gegen ihre Verfechter im Stich gelassen«[11]). Halbe und ängstliche Apologie der Freiheit ist ihm womöglich noch verhaßter als die plane Reaktion. Eine Schauspielerin hat »vor Gericht ihr Verhalten mit den freieren Sitten der Theatermenschheit entschuldigt«. Kraus sagt gegen sie: »Ihre Unwahrhaftigkeit lag darin, daß sie zu ihrer Rechtfertigung sich erst auf eine Konvention, auf die Konvention der Freiheit, berufen zu müssen glaubte.«[12]) So frei war Kraus auch der Freiheit gegenüber, daß er über dieselbe Frau von Hervay, die er vor den Leobener Richtern beschützt hatte, einen vernichtenden Aufsatz schrieb, als sie ihre Memoiren veröffentlichte. Nicht nur deshalb, weil sie darin eine bündige Zusicherung brach: die Unselige hatte zu schreiben begonnen, und vor Gedrucktem hörte die Solidarität von Kraus mit der verfolgten Schuld jäh auf. Die ethischen Deklarationen der Skribentin decouvrierten sie als artverwandt mit ihren Peinigern. Wenige Erfahrungen müssen für Kraus so

[11]) a.a.O., S. 12.
[12]) a.a.O., S. 157.

64

bitter gewesen sein wie die, daß die Frauen, die permanenten Opfer patriarchalischer Barbarei, diese sich einverleibt haben und sie proklamieren, noch wo sie sich zur Wehr setzen: »Aber sogar die Protokolle der Mädchen – man sehe, wie lebensecht Protokolle sind – enthielten in allen erdenklichen Variationen die Erklärung: ›Ich habe keinen Schandlohn bekommen‹«[13]). Man kann erraten, wie danach die Frauenrechtlerinnen abschneiden, nämlich wie bei Frank Wedekind, mit dem Kraus befreundet war: »Und die Frauenrechtlerinnen? Anstatt für die Naturrechte des Weibes zu kämpfen, erhitzen sie sich für die Verpflichtung des Weibes zur Unnatur.«[14]) Die wahrhaft emanzipierte Intelligenz von Kraus hebt einen Konflikt ins Bewußtsein, der seit der beruflichen Emanzipation der Frauen sich formierte, welche sie nur desto gründlicher als Geschlechtswesen unterdrückte. Unter den St. Simonisten, zwischen Bazard und Enfantin, wurde mit der Naivetät stur behaupteter Standpunkte ausgefochten, worüber erst Kraus sich erhob, indem er es als Antinomie bestimmte. Solche Zweideutigkeit des Fortschritts ist universal. Sie veranlaßt ihn dazu, manchmal nicht Milderung sondern Verschärfung von Strafgesetzen zu fordern. Die Sachverhalte, die das motivierten, begegnen stereotyp dem wieder, der mit jenem bösen Blick, in dem heute wie damals Güte sich zusammenzieht, die Gerichtsspalten der Zeitungen liest: »Vor einem galizischen Schwurgericht wird eine Frau, die ihr Kind totgeprügelt hat, von der Anklage des Mordes, beziehungsweise Totschlags freigesprochen und wegen ›Überschreitung des häuslichen Züchtigungsrechtes‹ zur Strafe des Verweises verurteilt. ›Sie Angeklagte, Sie haben Ihr Kind getötet. Daß mir so etwas nicht wieder vorkommt!‹ . . . Und man erfährt nicht einmal, ob die Angeklagte für den Beweis ihrer Besse-

[13]) a.a.O., S. 241.
[14]) a.a.O., S. 252.

rungsfähigkeit ein zweites Kind vorrätig hat.«[15]) Das sind die wahren anthropologischen Invarianten, kein ewiges Menschenbild. Auch ›Volltrunkenheit‹ ist nach wie vor als mildernder Umstand bei denen beliebt, die sonst gar zu gern Exempel statuieren; Kraus mußte das erleben, nachdem er von einem antisemitischen Rüpel der Unterhaltungsbranche mißhandelt worden war[16]).

Des Antisemitismus zeiht man ihn, den Juden, selbst. Verlogen trachtet die restaurative deutsche Nachkriegsgesellschaft den intransigenten Kritiker unter Berufung darauf loszuwerden. Das drastische Gegenteil steht in ›Sittlichkeit und Kriminalität‹: »Und ist nicht auch der Kretinismus, der die Parteinahme für eine Mißhandelte der ›jüdischen Solidarität‹ zuschreibt, seines Lacherfolges sicher? Ich allein könnte mit Leichtigkeit hundert ›Arier‹ – ohne Anführungszeichen sollte das dumme Wort gar nicht mehr gebraucht werden – aufzählen, die in und nach den Prozeßtagen ihrem Entsetzen über jeden Satz, der in Leoben gesprochen wurde, beinahe ekstatischen Ausdruck gegeben haben.«[17]) Vielfach trifft das Buch jüdische Richter, Anwälte und Experten; aber nicht darum, weil sie Juden sind, sondern weil die von Kraus Inkriminierten aus assimilatorischem Eifer der Gesinnung jener sich gleichgeschaltet haben, für die im Deutschen der Sammelbegriff Pachulke existiert, während der Österreicher Kraus sie Kasmader taufte. Polemik, die zwischen ihren Objekten auswählte, Christen angriffe und Juden schonte, eignete damit bereits das antisemitische Kriterium eines wesenhaften Unterschieds beider Gruppen sich zu. Was Kraus den Juden nicht verzieh, gegen die er schrieb, war, daß sie den Geist an die Sphäre des zirkulierenden Kapitals zedierten; den Verrat,

[15]) a.a.O., S. 328 f.
[16]) Vgl. a.a.O., S. 211 ff.
[17]) a.a.O., S. 118.

66

den sie begingen, indem sie, auf denen das Odium lastet und die insgeheim als Opfer auserkoren sind, nach dem Prinzip handelten, das als allgemeines das Unrecht gegen sie meint und auf ihre Vernichtung hinauslief. Wer diesen Aspekt des Abscheus von Kraus vor der liberalen Presse verschweigt, verfälscht ihn, damit das Bestehende, dessen Physiognomiker er war wie keiner sonst, ungestört weiter sein Geschäft verrichte. Denen, die gleichzeitig die Todesstrafe wieder einführen und die Folterknechte von Auschwitz freisprechen möchten, wäre es nur allzu willkommen, wenn sie, Antisemiten im Herzen, Kraus als einen solchen unschädlich machen könnten. In ›Sittlichkeit und Kriminalität‹ duldet er keinen Zweifel daran, warum er die Wiener jüdische Presse vor der nationalistischen und völkischen anprangert: »Das muß gegenüber dem Toben einer antisemitischen Presse ausgesprochen werden, die sonst schärferer Kontrolle nicht bedarf, weil sie – neben der jüdischen – einen geringeren Grad von Gefährlichkeit dem höheren Grad von Talentlosigkeit dankt.«[18]) Nichts anderes wäre gegen ihn einzuwenden, als daß er über die Grade von Gefährlichkeit sich täuschte wie vermutlich die meisten Intellektuellen seiner Epoche. Er konnte nicht voraussehen, daß gerade das Moment des unterkitschig Apokryphen, das nicht weniger als den Streicherschen ›Stürmer‹ ein Wort wie ›Völkischer Beobachter‹ auszeichnet, am Ende der Ubiquität einer Wirkung half, deren Provinzialismus Kraus mit räumlicher Begrenzung gleichsetzte. Der Geist von Kraus, der einen Bann um sich legt, war auch seinerseits gebannt: auf Geist verhext. Nur als Bannender vermochte er inmitten des Verstrickten von dessen Bann zu lösen. Der Preis dafür war seine eigene Verstricktheit. Alles antizipierte er, ahndete jede Schandtat, die durch den Geist hindurch geschieht.

[18]) a.a.O., S. 116 f.

Nicht jedoch konnte er den Begriff einer Welt fassen, in der der Geist schlechthin entmächtigt ist zugunsten jener Macht, an die er zuvor wenigstens sich verkaufen durfte. Das ist die Wahrheit des Wortes aus den letzten Lebensjahren von Kraus, ihm falle zu Hitler nichts ein.

Die bürgerliche Gesellschaft lehrt den Unterschied des öffentlichen und beruflichen Lebens vom privaten und verspricht dem Individuum, als der Keimzelle seiner Wirtschaftsweise, Schutz. Die Methode von Kraus fragt, ironisch bescheiden, eigentlich nicht mehr, als wie weit die Gesellschaft, in der Praxis ihrer Strafgerichtsbarkeit, dies Prinzip anwende, dem Individuum den versprochenen Schutz gewähre und nicht vielmehr, im Namen fadenscheiniger Ideale, auf dem Sprung stehe, auf es sich zu stürzen, sobald es wirklich von der verheißenen Freiheit Gebrauch macht. Mit Scheuklappen als Brille insistiert Kraus auf dieser einen Frage. Darüber wird der gesellschaftliche Zustand insgesamt verdächtig. Die Verteidigung der privaten Freiheit des Einzelnen gewinnt paradoxen Vorrang vor der einer politischen, die er wegen ihrer Unfähigkeit, privat sich zu realisieren, als in weitem Maße ideologisch verachtet. Weil es ihm um die ganze Freiheit geht, nicht um die partikulare, nimmt er sich der partikularen der verlassensten Einzelnen an. Eingeschworenen Progressiven war er kein zuverlässiger Bundesgenosse. Bei Gelegenheit der Affäre der Prinzessin Coburg schrieb er: »Was wiegt – selbst dem Dreyfusgläubigen – das von einem Weltlamento beweinte Unrecht der ›Affäre‹ neben dem Fall Mattassich? Das Opfer des Staatsinteresses neben dem Staatsmartyrium privater Rache! Die scheinheilige Niedertracht, die aus jeder ›Maßnahme‹ gegen das unbequeme Liebespaar in die Nasen anständiger Menschen drang, hat dem Begriff ›Funktionär‹

für alle Zeiten eine penetrante Bedeutung verschafft, die unabänderlicher ist als das Gutachten einer psychiatrischen Kommission und als das Urteil eines Militärgerichts.«[19]) Am Ende hielt er es eher noch mit Dollfuss, von dem er glaubte, daß er den Hitler hätte aufhalten können, als mit den Sozialdemokraten, denen er es nicht zutraute. Schlecthin unerträglich war ihm die Perspektive einer Ordnung, in der man ein schönes Mädchen mit kahlgeschorenem Kopf wegen Rassenschande durch die Straßen hetzt. Der Polemiker bezieht den Standpunkt des ritterlichen Feudalen, gehorsam der einfachsten und darum vergessenen Selbstverständlichkeit, daß einer, der in glücklicher Kindheit gut erzogen ward, die Normen guter Erziehung in der Welt respektiert, auf die jene vorbereiten soll und mit deren Normen sie doch zwangsläufig zusammenprallt. Das reifte in Kraus zur schrankenlosen männlichen Dankbarkeit für das Glück, das die Frau gewährt, das sinnliche, das den Geist in seiner Verlassenheit und Bedürftigkeit tröstet. Unausgesprochen wird das davon motiviert, daß die Freigabe des Glücks Bedingung richtigen Lebens ist; die intelligible Sphäre geht auf an der sinnlichen Erfüllung, nicht an Versagung. Solche Dankbarkeit steigert die idiosynkratische Diskretion von Kraus zum moralischen Prinzip. »Es ist ein Gefühl, an einer unaussprechlichen Schmach teilzuhaben, wenn man Tag für Tag Möglichkeiten und Chancen, Art und Intensität eines Liebesverhältnisses mit der Sachlichkeit einer politischen Diskussion erörtert sieht.«[20]) Für ihn ist die schwerste Schuld, »mit der ein Mann und Arzt sein Gewissen belasten kann: die Verletzung der Verschwiegenheitspflicht gegen eine Frau«[21]). Als Gentleman möchte er im bürgerlichen Zeitalter wiedergutmachen, was die patriar-

[19]) a.a.O., S. 86 f.
[20]) a.a.O., S. 140.
[21]) a.a.O., S. 173.

chale Ordnung, gleichgültig fast welchen politischen Systems, an den Frauen frevelt. Mag ihm den Widerspruch zwischen Freiheitsbewußtsein und aristokratischer Sympathie vorrechnen, wer Teilhabe am Allerweltsgeblök mit autonomem Urteil verwechselt und es sich nicht beikommen läßt, daß ein Feudaler immer noch eher die Freiheit der eigenen Lebensführung als allgemeine Maxime wünschen kann denn ein dem Tauschprinzip verschriebener Bürger, der keinem anderen den Genuß gönnt, weil er ihn sich selbst nicht gönnt. Kraus überführt die Männer der Bestialität, die dort am abscheulichsten ist, wo sie im Namen jener Ehre agieren, die sie selber für die Frauen ersonnen haben und in der nur deren Unterdrückung ideologisch sich fortsetzt. Den Geist, der als naturbeherrschendes Prinzip an der Frau sich verging, will Kraus zur Integrität restituieren. Möchte er aber das Privatleben einer Frau vor der Öffentlichkeit beschützen, auch wenn sie es ihrerseits um der Öffentlichkeit willen führt, so ahnt er das Einverständnis von kochender Volksseele und Gewaltherrschaft, von plebiszitärem und totalitärem Prinzip. Der, dem die Richter Henker waren, zittert vor dem Schrecken, den der »Unfug(s) ›Volksjustiz‹« noch deren liberalstem Verteidiger einflößen müsse[22].

Er hält der Gesellschaft nicht die Moral entgegen; bloß ihre eigene. Das Medium aber, in dem sie sich überführt, ist die Dummheit. Zu deren empirischem Nachweis wird bei Kraus Kants reine praktische Vernunft, jener Sokratischen Lehre gemäß, welche Tugend und Einsicht als identisch ansieht und kulminiert im Theorem, das Sittengesetz, der kategorische Imperativ sei nichts anderes als die ihrer heteronomen Schranken ledige Vernunft an sich. An Dummheit erweist Kraus, wie wenig die Gesellschaft es

[22] a.a.O., S. 41.

vermochte, in ihren Mitgliedern den Begriff des autonomen und mündigen Individuums zu verwirklichen, den sie voraussetzt. Die Kritik des in den Entstehungsjahren des Buches noch konservativen Kraus am Liberalismus war eine an dessen Borniertheit. Dies Stichwort fällt in den großartigen Entwürfen zum ›Kapital‹, die Marx in der endgültigen Fassung, wohl als allzu philosophisch, zugunsten der strikt ökonomischen Beweisführung ausschied. Das falsche Bewußtsein des Kapitalismus verschandle die ihm mögliche Erkenntnis; freie Konkurrenz sei »eben nur die freie Entwicklung auf einer bornierten Grundlage der Herrschaft des Kapitals«[23]). Kraus, der jene Notiz kaum kannte, hat von Borniertheit dort geredet, wo es wehtut: angesichts des konkreten bürgerlichen Bewußtseins, daß sich wunder wie aufgeklärt dünkt. Er spießt die unreflektierte, mit dem Zustand einige Intelligenz auf. Sie widerspricht ihrem eigenen Anspruch auf Urteilsfähigkeit und Erfahrung von der Welt. Konformistisch fügt sie sich einer Gesamtverfassung, vor deren Conventus sie innehält und die sie unverdrossen wiederkäut. Hofmannsthal, dem Kraus zürnte, vermerkt im ›Buch der Freunde‹, wohl als eigenen Einfall: »Die gefährlichste Sorte von Dummheit ist ein scharfer Verstand.«[24]) Das ist nicht plump wörtlich zu nehmen; logische Denkkraft und Subtilität sind unentbehrliche Momente des Geistes, und es mangelte Kraus wahrhaft nicht daran. Gleichwohl enthält das Aperçu mehr als bloß irrationalistische Rancune. Dummheit ist keine von außen zugefügte Beschädigung der Intelligenz zumal jenes Wienerischen Typus, an dem Hofmannsthal wie sein Widersacher sich ärgerten. In sie geht die verselbständigte instrumentelle Vernunft aus eigener Konsequenz über, formales

[23]) Karl Marx, Grundrisse der Kritik der politischen Ökonomie (Rohentwurf), 1857–58, Berlin 1953, S. 545.
[24]) Hugo von Hofmannsthal, Aufzeichnungen, Frankfurt 1959, S. 44.

Denken, das die eigene Allgemeinheit, und damit seine Verwendbarkeit für beliebige Zwecke, der Absage an die inhaltliche Bestimmung durch seine Gegenstände verdankt. Der törichte Scharfsinn verfügt über die Allgemeinheit der logischen Apparatur als einsatzbereite Spezialität. Der Fortschritt jener Intelligenz hat die Triumphe der positiven Wissenschaft, vermutlich auch die rationalen Rechtssysteme erst ermöglicht; die Scharfsinnigen besorgen nicht nur ihre Selbsterhaltung durch aggressives Rechtbehalten, sondern leisten überdies, was Marx, mit höchster Ironie, gesellschaftlich nützliche Arbeit nannte. Aber indem sie die Qualitäten subsumierend ausschalten, verkümmern ihnen die Organe von Erfahrung. Je ungestörter von Unterbrechungen ihr Denkmechanismus sich dem zu Denkenden gegenüber etabliert, desto mehr entfernt er zugleich sich von der Sache und substituiert sie naiv durch die abgespaltene fetischisierte Methode. Die an ihr bis in ihre Reaktionsweisen hinein sich orientieren, tun es ihr allmählich gleich. Sie kommen zu sich selbst als das gescheite Rindvieh, dem das Wie, der Modus, etwas herauszufinden und nach vorgegebenen Klassen der Begriffsbildung zu organisieren, jegliches Interesse an der sei's auch subjektiv vermittelten Sache verdrängt. Ihre Urteile und Ordnungen werden schließlich so irrelevant wie die angehäuften Fakten, die mit Methode gut sich vertragen. Die Beziehungslosigkeit zur Sache neutralisiert diese. Nichts geht ihr mehr auf; aus nichts vermöchte der sich selbst genügende Scharfsinn mehr zu lesen, daß, was ist, anders sein sollte. Der geistige Defekt wird zum moralischen unmittelbar; die herrschende Gemeinheit, der Gedanke und Sprache sich anbequemen, frißt deren Gehalt an, sie wirken bewußtlos mit am Geflecht des totalen Unrechts. Vom Moralisieren ist Kraus entbunden. Er kann darauf deuten, wie jegliche Perfidie als Schwachsinn anständiger, auch intelligenter Leute sich durchsetzt, Index seiner eigenen Unwahrheit. Darum die Witze; sie konfrontieren den herrschenden Geist mit seiner Dummheit so unversehens, daß ihm das Argumentieren vergeht, und er geständig wird als das, was er ist. Der Witz hält Gericht jenseits möglicher Diskussion. Verführte je einer, wie Kierkegaard, der Schutzpatron von Kraus, es wollte, zur Wahrheit, dann Kraus durch die Witze. Die großartigsten sind verstreut über den Aufsatz ›Die Kinderfreunde‹, ein Zentralstück des Buchs, geschrieben nach einem Prozeß, in dem ein Wiener Universitätsprofessor beschuldigt worden war, »in seinem photographischen Atelier zwei Knaben, Söhne zweier Advokaten, über geschlechtliche Dinge aufgeklärt, zur Onanie aufgefordert und ›unzüchtig berührt‹ zu haben«[25]). Der Essay verteidigt nicht den Angeklagten, sondern klagt die Ankläger, Nebenkläger und Experten an. Über den Kronzeugen, den einen jener Knaben, äußert sich Kraus: »Dies Kind – kein Engel ist so rein, aber auch keiner so ahnungsvoll – spricht von den Gefahren, die seiner Jugend drohen, etwa so, wie jener Possenfriedrich von dem siebenjährigen Krieg, in den er zu ziehen beschließt. Um im perversen Milieu des Prozesses zu bleiben: Diese kleinen Historiker sind wirklich rückwärts gekehrte Propheten ...«[26])

Das stärkste Mittel jedoch, mit dem Kraus die Richter richtet, ist das strafende Zitat, nicht zu vergleichen landläufigen Belegen für irgendwelche Vorwürfe. Das Kapitel ›Ein österreichischer Mordprozeß‹ reiht auf vier Seiten wörtlich, kommentarlos Stellen aus der Verhandlung gegen eine wegen Totschlags Bezichtigte aneinander. Sie übertreffen jede Invektive. Sein Sensorium muß so früh wie 1906 vorausgefühlt haben, daß vorm Massiv der unmenschlichen Welt das subjektive Zeugnis wider sie versagt; nicht

[25]) Kraus, a.a.O., S. 164, Fußnote.
[26]) a.a.O., S. 178.

minder aber auch der Glaube, die Tatsachen sprächen rein gegen sich in einer Gesamtverfassung, der die Organe lebendiger Erfahrung abstarben. Kraus ist mit dem Dilemma genial fertig geworden. Seine Sprachtechnik hat einen Raum geschaffen, in dem er, ohne etwas hinzuzutun, Blindes, Intentionsloses und Chaotisches strukturiert wie ein Magnet eisernen Abfall, der in seine Nähe gerät. Ganz konnte diese Fähigkeit von Kraus, für die es kaum ein anderes Wort gibt als das peinliche ›dämonisch‹[27]), nur ermessen, wer noch die originalen roten Hefte der Fackel las. Doch ist im Buch etwas davon übriggeblieben. Wenn heute die Scham des Wortes vor einem Entsetzen, das alles überbietet, was Kraus aus trivialen Sprachfiguren prophezeite, in literarischer Darstellung zum Verfahren der Montage sich gedrängt sieht, anstatt Unsagbares vergebens zu erzählen, so tastet das nach der Konsequenz dessen, was Kraus bereits gelang. Er ist vom Schlimmeren nicht überholt, weil er im Mäßigen das Schlimmste erkannte, und indem er es spiegelte, es enthüllte. Unterdessen hat sich das Mäßige als das Schlimmste deklariert, der Spießer als Eichmann, der Erzieher, welcher die Jugend anhärtet, als Boger. Was alle die befremdet, welche Kraus von sich abwehren möchten, nicht weil er unaktuell, sondern weil er aktuell ist, hängt mit seiner Unwiderstehlichkeit zusammen. Gleich Kafka macht er potentiell den Leser zum Schuldigen: nämlich wenn er nicht jedes Wort von Kraus gelesen hat. Denn nur die Totalität seiner Worte erzeugt den Raum, in dem er durch Schweigen redet. Wer jedoch nicht den Mut hat, in den Höllenkreis sich hineinzustürzen, der verfällt ohne Gnade dem Bann, den jener um sich verbreitet; Freiheit von Kraus kann nur der erlangen, der gewaltlos seiner Gewalt sich ausliefert. Was das ethische Mittelmaß ihm als

[27]) Vgl. dazu Walter Benjamin, Schriften II, Frankfurt 1955, S. 159 ff. Das zweite Kapitel der Kraus-Arbeit ist ›Dämon‹ betitelt.

Mitleidlosigkeit vorwirft, ist die Mitleidlosigkeit der Gesellschaft, die heute wie damals auf menschliches Verständnis dort sich herausredet, wo Menschlichkeit gebietet, daß das Verständnis aufhört.

Das Moment mythischer Unwiderstehlichkeit zeitigt die Widerstände gegen Kraus so heftig wie vor dreißig Jahren, als er noch lebte; ungenierter, weil er starb. Wer mit schnöseliger Superiorität ihn kritisiert, braucht nicht mehr zu fürchten, sich in der Fackel zu lesen. Die Widerstände haben, wie stets, ihre Angriffspunkte im œuvre. Wiederholungen beeinträchtigen ›Sittlichkeit und Kriminalität‹. Mythos und Wiederholung stehen in Konstellation, der des Zwanges von Immergleichem im Naturzusammenhang, aus dem nichts herausführt[28]. Soweit Kraus die Gesellschaft als Fortsetzung der verruchten Naturgeschichte diagnostiziert, werden ihm die Wiederholungen vom schuldhaften Gegenstand abverlangt, den unansprechbar stereotypen Situationen. Kraus hat sich darüber nicht getäuscht; er wiederholt auch das Motiv, man müsse wiederholen, solange das kritische Wort nicht abschafft, was doch das Wort allein nicht abzuschaffen vermag: »Es ist immer wieder, als ob man's zum erstenmal sagte: Die Zudringlichkeit einer Justiz, die den Verkehr der Geschlechter reglementieren möchte, hat stets noch die ärgste Unmoral gezeigt; kriminelle Belastung des Sexualtriebs ist staatliche Vorschubleistung zu Verbrechen.«[29] Trotzdem nimmt es wunder, daß ein Schriftsteller, der in der sprachlichen Kraft der Einzelformulierung, der Prägnanz der Details, auch dem Reichtum an syntaktischen Formen von keinem seiner deutschen und österreichischen Zeitgenossen übertroffen ward, einigermaßen gleichgültig sich zu dem verhielt, was man, mit

[28] Vgl. Max Horkheimer und Theodor W. Adorno, Dialektik der Aufklärung, Amsterdam 1947, S. 23.
[29] Kraus, a.a.O., S. 180.

musikalischer Analogie, als die große Form der Prosa bezeichnen könnte. Zu erklären ist das allenfalls aus der Methode der immanenten Kritik und dem juridischen Habitus. Sein Ingenium entzündet sich überall dort, wo die Sprache feste Regeln kennt, die der Schmock verletzt, dem dann ganze Völkerschaften nachplappern. Noch jene Erhebungen seiner Prosa, die umschlagend bedeutenden, aber nach dem Schulverstand mit den Regeln unvereinbaren Werken beistehen, erreicht Kraus in Fühlung mit den Regeln. Dialektik ist der Äther, in dem, wie eine Galaxis geheimer Gegenbeispiele, die autonome Sprachkunst von Kraus gedieh. Große Prosaformen indessen verfügen über keinen Kanon, der mit den Normen der Formenlehre, der Grammatik und der Syntax irgend vergleichbar wäre; die Entscheidung über richtig und falsch im Bau umfangreicher Prosastücke oder gar Bücher vollzieht sich allein in den Gesetzen, die jeweils das Werk, aus immanenter Notwendigkeit, sich selbst auferlegt. Diesem Sachverhalt gegenüber hatte Kraus seinen blinden Fleck, den gleichen wie in seiner freilich erbittlichen Aversion gegen den Expressionismus, vielleicht auch in seinem Verhältnis zu Musik von emphatischem Anspruch. Wiederholt er gar, wider allen billigen Rat, Witze, so vollstreckt sich an ihm ein Verhängnis wie jenes, daß wir, Proust zufolge, nicht Taktlosigkeiten begehen, sondern daß diese darauf warten, begangen zu werden. So zudringlich sind, auf Kosten der eigenen Wirkung, Witze; Freud, der diesen wie den Fehlleistungen seine Aufmerksamkeit widmete, wäre um die Theorie nicht verlegen gewesen. In ihnen kristallisiert sich jäh die Sprache wider ihre Intention. Stets sind sie in der Sprache schon angelegt, und der Witzige ihr Exekutor. Er ruft die Sprache gegen die Intention zum Zeugen auf. Prästabilisiert, ist die Mannigfaltigkeit der Wortwitze zählbar. Darum verdoppeln sie sich so gern; verschiedenen Autoren fallen, ohne daß sie voneinander wüßten, dieselben ein. Die Zimperlichkeit, die an den Kraus'schen Wiederholungen leidet, mag sich entschädigen an der unerschöpflichen Fülle des Neuen, das ihm dazwischen einfällt.

Diese Qualität – in der Musik heißt sie Gestaltenreichtum – teilt sich der großen Prosaform mit als Kunst der Verknüpfung. Am Ende eines Absatzes aus den ›Kinderfreunden‹ schreibt Kraus in Anführungszeichen: »»Eine Verurteilung zweier erwachsener Personen wegen homosexuellen Verkehrs ist zu bedauern; ein Mensch, der Knaben mißbraucht hat, die noch nicht das gesetzliche Alter erreicht haben, soll verurteilt werden.‹« Der nächste Absatz beginnt: »Aber die Väter sollen ihn nicht anzeigen.«[30]) Die komische Kraft, Äquivalent eines Witzes, ist kaum rein auf die Gedankenführung zu bringen, die in der Anwendung des zuvor ausgesprochenen allgemeinen Grundsatzes auf den besonderen Fall die Allgemeinheit des Grundsatzes zum Wackeln bringt und verhöhnt. Vielmehr ist der Ort der vis comica der Hiatus. Er erweckt, mit unbewegtem Gesicht, den Schein bedächtigen Neubeginnens, während durch seine Gewalt das Vorausgegangene zusammenstürzt. Die pure Form des Hiatus ist die Pointe: eine des Vortrags. Die Anmut des Sprechers Kraus, zärtlich zu seinen Monstren, steckte in solchen Augenblicken mit Lachen an. Es waren die der Geburt der Operette aus dem Geist der Prosa; so müßten Operetten sein, so Musik in ihnen triumphieren wie seine Witze dort, wo er auf den Witz verzichtet. Insgesamt wirft das Buch Licht auf seine Beziehung zur Operette; Stücke wie das über Ankläger und Opfer im Falle Beer, oder das über den Prozeß gegen die Bordellwirtin Riehl sind fast schon Textbücher Wienerischer Offenbachiaden, denen in Wien der Budapester Import die Möglichkeit, geschrieben und aufgeführt zu werden,

[30]) a.a.O., S. 183.

gestohlen hatte. Kraus errettete die abgetriebene Operette. In ihrem Unsinn, den er liebte, verklärt sich überweltlich der Unsinn der Welt, den der Unnachsichtige innerweltlich anprangerte. Ein Paradigma dessen, wie eine Operette auszusehen hätte, um der Gattung zurückzuerstatten, was der rationalisierte Betrieb des Schwachsinns ihr entzog, wäre etwa: »Ein Gericht also wird künftig die Frage zu entscheiden haben, ob ein Mädchen das ›Schandgewerbe‹ ergreifen darf! Freuen wir uns, daß die öffentliche Vertrottelung in sexuellen Dingen bis zu dieser Kristallform gediehen ist, in der sie auch der Trottel erkennt. Und daß der ›Beweis der völligen sittlichen Verkommenheit‹ erbracht werden muß. Szene in einem Kommissariat: ›Ja, was wollns denn?‹ ›Ich möchte das Schandgewerbe anmelden!‹ ›Ja, können denn (hochdeutsch) den Beweis der völligen sittlichen Verkommenheit erbringen?‹ (Verlegen:) ›Nein.‹ ›Nachher schauns, daß S'weiter kommen! – So a Schlampen!‹ Ein humaner Kommissär, der mit sich reden läßt, wird der Partei den Rat geben, vorerst ein wenig verbotene Prostitution zu treiben. Aber die ist doch gerade verboten? Natürlich ist sie verboten! Aber sie muß bewiesen sein, um das Recht auf ihre ›Ausübung‹ zu gewährleisten. Protektion hilft natürlich auch da, und der Beweis völliger sittlicher Verkommenheit wird manchmal als erbracht angesehen werden, wenn einer Petentin sogar nachgewiesen werden könnte, daß an ihr noch etwas zu verderben sei. Dagegen wird streng darauf gesehen werden, daß kein Fall von ›clandestiner Prostitution‹ der behördlichen Kenntnis entzogen bleibe, auch wenn er als Befähigungsnachweis für die Ausübung des Schandgewerbes gar nicht in Betracht kommen sollte. Die Erteilung des Büchls aber ist eine Art Prämie auf die Selbstanzeige wegen geheimer Prostitution.«[31])

[31]) a.a.O., S. 262 f.

78

Die Stimme des lebendigen Kraus hat sich in der Prosa verewigt: sie verleiht dieser die mimische Qualität. Seine schriftstellerische Gewalt ist nah an der des Schauspielers. Das und der juridische Aspekt seines Werkes verbindet sich im forensischen. Das ungehemmte Pathos der gesprochenen Rede, jener ältere Burgtheaterstil, den Kraus gegen das sprachfremde, sinnlich anschauliche Theater der Regisseure der neuromantischen Ära verteidigte, verschwand von der Bühne nicht bloß, wie er dachte, weil es an sprachlicher Kultur gebrach, sondern auch, weil die tönende Stimme des Mimen nicht mehr trägt. Die verurteilte fand Unterschlupf im Geschriebenen, in eben jener objektivierten und durchkonstruierten Sprache, die ihrerseits das mimetische Moment beschämte und, bis zu Kraus, dessen Feind war. Vor der Deklamation jedoch bewahrte er das Pathos, indem er es herausbrach aus einem ästhetischen Schein, der zur unpathetischen Realität kontrastierte, und es der Realität zuwendete, die schon vor gar nichts mehr sich scheut und darum nur vom Pathos mit Namen gerufen werden kann, über das sie sich mokiert. Die aufsteigende Kurve des Buches fällt zusammen mit dem Fortschritt seines Pathos. Im Archaismus der rollenden Perioden und weitgebauten Hypotaxen von Kraus hallen die des Schauspielers nach. – Die Sympathie, die Kraus manchen Dialektdichtern und Komödianten vor der sogenannten hohen Literatur, und als Einspruch gegen diese, zollte, wird beseelt vom Einverständnis mit dem undomestizierten mimetischen Moment. Es ist auch die Wurzel der Kraus'schen Witze: in ihnen macht Sprache die Gesten von Sprache nach wie die Grimassen des Komikers das Gesicht des Parodierten. Die konstruktive Durchbildung der Sprache von Kraus ist, bei all ihrer Rationalität und Kraft, ihre Rückübersetzung in Gestik, in ein Medium, das älter ist als das des Urteils. Ihm gegenüber wird Argumentation leicht zur hilflosen

Ausrede. Daraus wächst Kraus zu, wogegen die blöken-
den Weltfreunde vergebens aufmucken mit der Beteuerung, es sei altmodisch. Immanente Kritik ist bei ihm
stets die Rache des Alten an dem, was daraus wurde, stellvertretend für ein Besseres, das noch nicht ist. Deswegen
sind die Passagen, in denen seine Stimme donnert, so frisch
wie am ersten Tag. In dem Aufsatz ›Ein Unhold‹, über Jo-
hann Feigl, Hofrat und Vizepräsidenten des Wiener Lan-
desgerichts, schließt ein Absatz: »Wenn Herr Feigl einst
sein tatenreiches Leben endet, das etwa zehntausend Jahre,
die andere im Kerker verbrachten, umfaßt hat, so mag sich
ihm in schwerer Stunde, vor der Entscheidung einer höhern
Instanz, die Beichte seiner schwersten Sünde entringen: ›Ich
habe mein ganzes Leben hindurch das österreichische Strafgesetz angewendet!‹«[32])

Von umständlichen Beweisführungen für die Aktuali-
tät von ›Sittlichkeit und Kriminalität‹ dispensieren die
Schlußabsätze eines Artikels »Alle jagen ›gute Onkels‹«, die
1964 im Lokalblatt einer großen Tageszeitung standen. In
ihnen kehren, gewiß ohne daß der Reporter im Verdacht
des Plagiats stünde, wörtlich und bar aller Ironie Motive
wieder, die Kraus in den Operettenpartien des Aufsatzes
über die Kinderfreunde polemisch erfand: »Wie beschla-
gen die Kinder geworden sind, hat vor kurzem ein zwölf-
jähriger Junge bewiesen. Nachdem er mit Freunden das
Jugendkino im Zoo besucht hatte, schlenderte er noch durch
den Tierpark. In einer Ecke des Affenhauses entblößte
sich vor ihm plötzlich ein Mann, der sich dem Kind schon
vorher genähert hatte. Als der Fremde den Zwölfjährigen
zu unsittlichen Handlungen bewegen wollte, antwortete

[32]) a.a.O., S. 45.

ihm der Bub: ›Sie sind wohl ein Sittlichkeitsverbrecher!‹ Daraufhin suchte der Unhold eilig das Weite. Die Eltern des Jungen informierten die Kriminalpolizei; auf einer Karte des Verbrecheralbums im Polizeipräsidium erkannte das Kind den Täter wieder, der einschlägig vorbestraft ist. Er wurde noch am gleichen Tag an seinem Arbeitsplatz festgenommen und legte ein Geständnis ab. – In diesen Tagen ist ein 35 Jahre alter Schriftsetzer im Hauptbahnhof in eine Falle gegangen, die ihm ein erst zwölf Jahre alter Schüler gestellt hatte. Der Homosexuelle hatte sich im Aktualitätenkino neben den Jungen gesetzt und ihm ein Eis gegeben. Aus Furcht vor dem Fremden nahm das Kind das Geschenk an, warf es aber gleich unauffällig unter seinen Sitz. Später vereinbarte der Schüler auf Drängen des Mannes für den nächsten Morgen einen Treffpunkt. Dort nahmen ihn Kriminalisten in Empfang.« Angesichts der Gefahr, zu der sich ihre präsumtiven Opfer ausgewachsen haben, wird für die, welche die Sprache des nach-Hitlerschen Deutschland, fortgeschritten über die von Kraus gegeißelte, zu Sittenstrolchen erklärte, nichts übrigbleiben, als sich zu organisieren und die Gefahr für ihre Opfer wiederum zu vermehren, eine Schraube ohne Ende. Über die unfreiwillig nachgedichteten Zitate von Zitaten der Fackel hinaus sind nicht wenige Sätze des Buches auf Ereignisse des jüngsten Deutschland anzuwenden. 1905 hat Kraus den Fall Vera Brühne resümiert: »Und siehe, der Mangel an Beweisen dafür, daß Frau Klein gemordet hat, ward reichlich wettgemacht durch den Überfluß an Beweisen für ihren unsittlichen Lebenswandel.«[33]) Unterdessen sind allerdings die Fachmenschen weitsichtiger geworden. Sind sie schon vom menschlichen Recht der Paragraphen nicht mehr durchdrungen, so haben sie es desto besser gelernt, die von den

[33]) a.a.O., S. 160.

aufs Privatleben gemünzten Paragraphen Anbetroffenen aus dem öffentlichen auszuschalten; im Syndrom jener totalen Lust des verwalteten Deutschland, durch formalrechtliche Reflexionen und Geschäftsordnungsdenken alles dem Inhalt nach Bessere fernzuhalten, ohne dabei mit den abstrakten Spielregeln der Demokratie in Konflikt zu geraten, die ihrerseits juristisch zu greifen wären. »Ob das neue Strafgesetz solche Siege unmöglich machen wird?«[34])

[34]) a.a.O., S. 315.

Der wunderliche Realist
Über Siegfried Kracauer

In den letzten Jahren wurden in Deutschland eine Reihe
von Schriften Siegfried Kracauers wieder zugänglich. Aber
das Bild des Autors ist der deutschen Öffentlichkeit aus ihnen, den vielverzweigten, bislang nicht so deutlich geworden, wie es gebührte. Einen Anfang zu machen und einiges
zur Figur Kracauers zu entwerfen, mag ich qualifiziert sein
aus dem einfachsten Grunde: wir sind seit meiner Jugend
miteinander befreundet. Ich war Sekundaner, als ich ihn
gegen Ende des ersten Weltkrieges kennenlernte. Eine
Freundin meiner Eltern, Rosie Stern, hatte uns zusammen
eingeladen, Studienrätin am Philanthropin, zu dessen
Lehrkörper Kracauers Onkel gehörte, der Historiograph
der Frankfurter Juden. Wie es wohl die Absicht unserer
Gastgeberin war, stellte zwischen uns intensiver Kontakt
sich her. Aus der Erinnerung an jene Zeit, im Bewußtsein
der Mängel einer solchen Erkenntnisquelle, möchte ich etwas wie die objektive Idee von Kracauers geistigem Wesen zu skizzieren suchen, geleitet von seiner Möglichkeit
eher als dem in handfester Leistung Verwirklichten: Kracauer selbst pointierte sich, vor Dezennien, gegen den Typus, welchen er den des werkhaften Menschen nannte.

Über Jahre hindurch las er mit mir, regelmäßig Sams-
tag nachmittags, die Kritik der reinen Vernunft. Nicht im
leisesten übertreibe ich, wenn ich sage, daß ich dieser Lektüre mehr verdanke als meinen akademischen Lehrern.
Pädagogisch ausnehmend begabt, hat er mir Kant zum
Sprechen gebracht. Von Anbeginn erfuhr ich, unter seiner
Anleitung, das Werk nicht als eine bloße Erkenntnistheorie, als Analyse der Bedingungen wissenschaftlich gültiger

Urteile, sondern als eine Art chiffrierter Schrift, aus der der geschichtliche Stand des Geistes herauszulesen war, mit der vagen Erwartung, daß dabei etwas von der Wahrheit selber zu gewinnen sei. Ließ ich später, im Verhältnis zu den überlieferten philosophischen Texten, weniger von deren Einheit und systematischer Einstimmigkeit mir imponieren, als daß ich mich um das Spiel der unter der Oberfläche jeder geschlossenen Lehrmeinung aneinander sich abarbeitenden Kräfte bemühte, die kodifizierten Philosophien jeweils als Kraftfelder betrachtete, so hat dazu gewiß Kracauer mich angeregt. Er vergegenwärtigte mir die Vernunftkritik nicht einfach als System des transzendentalen Idealismus. Vielmehr zeigte er mir, wie objektiv-ontologische und subjektiv-idealistische Momente darin streiten; wie die beredtesten Stellen des Werkes die Wunden sind, welche der Konflikt in der Lehre hinterließ. Unter einem gewissen Aspekt sind die Brüche einer Philosophie wesentlicher denn die Kontinuität des Sinnzusammenhangs, welchen die meisten von sich aus betonen. Dies Interesse, an dem Kracauer um 1920 partizipierte, ging unter der Parole Ontologie gegen den erkenntniskritischen, systemwütigen Subjektivismus; zwischen eigentlich Ontologischem und Spuren von naivem Realismus bei Kant wurde dabei noch nicht recht unterschieden.

Ohne daß ich mir davon hätte volle Rechenschaft geben können, gewahrte ich durch Kracauer erstmals das Ausdrucksmoment der Philosophie: sagen, was einem aufgeht. Das diesem Moment konträre der Stringenz, des objektiven Zwangs im Gedanken, trat dahinter zurück. Wie ich erst im philosophischen Betrieb der Universität darauf stieß, so dünkte es mir lange genug akademisch, bis ich herausfand, daß unter den Spannungen, an denen Philosophie ihr Leben hat, die zwischen Ausdruck und Verbindlichkeit vielleicht die zentrale ist. Kracauer bezeichnete sich gern als alogischen Menschen. Ich weiß noch, wie sehr mich solche Paradoxie an einem Philosophierenden, mit Begriff, Urteil und Schluß Operierenden beeindruckte. Was aber bei ihm philosophisch zum Ausdruck drängte, war fast unbegrenzte Leidensfähigkeit: Ausdruck und Leiden sind miteinander verschwistert. Sein Verhältnis zur Wahrheit war, daß Leiden unverstellt, ungemildert in den Gedanken einging, der es sonst verflüchtigt; auch in den Gedanken der Überlieferung entdeckte Leiden sich wieder. Das Wort Leiden drang bis in den Titel einer der ersten von Kracauers Abhandlungen. Mir schien er, obschon keineswegs sentimental, ein Mensch ohne Haut; so wie wenn alles Auswendige sein schutzloses Inneres ereilte; wie wenn er dessen nicht anders sich erwehrt hätte, als indem er seinem Preisgegebensein zum Wort verhalf. Er hatte es, aus mehr als einem Grund, in seiner Kindheit schwer gehabt; dem Schüler der Klinger-Oberrealschule wurde, recht ungewöhnlich in der Handelsstadt Frankfurt, auch antisemitisches Unrecht zugefügt, und über seinem eigenen Milieu lagerte, trotz human gelehrter Tradition, etwas wie Unfreude; sein späterer Widerwille gegen den Brotberuf des Architekten, den er hatte ergreifen müssen, stammte wohl daher. Im Rückblick will es mir scheinen, als wäre in Kracauers häuslicher Atmosphäre, bei aller Freundlichkeit, die man mir bewies, längst das Unheil antizipiert worden, das seiner Mutter und deren Schwester, die auf ihn Einfluß auszuüben schien, noch im höchsten Alter widerfuhr. Genügen mag, daß er, seiner eigenen Erzählung zufolge, in trostloser Parodie der roten Büchlein, in welche die Lehrer gern Zensuren eintrugen, eines führte, das Noten über seine Mitschüler enthielt, danach, wie sie sich zu ihm benahmen. Vieles bei ihm war reaktiv; Philosophie nicht zuletzt ein Medium der Selbstbehauptung.

Verbindungslinien laufen von da zum antisystematischen Zug seines Denkens und zu seiner Aversion gegen Idealismus im weitesten Verstande, die ihn sein Leben lang nicht losließ. Idealismus war ihm verklärendes Denken, dem Diktum Georg Simmels gemäß, es sei erstaunlich, wie wenig man der Philosophie der Menschheit ihre Leiden anmerke. Dem, der an der Universität nicht Philosophie als Hauptfach studiert hatte, blieb die Gewalt ihrer großen Konstruktionen, die so gern in Lobpreisung ausarten, fremd, Hegel vor allem. Kracauers Arbeit wurde dadurch so weit geprägt, daß Benjamin ihn einmal, um 1923, einen Feind der Philosophie nannte. Etwas von liebhaberhaftem Nachdenken auf eigene Faust hat sein œuvre begleitet, ebenso wie eine gewisse Lässigkeit die Selbstkritik dämpfte zugunsten verspielten Vergnügens am hübschen Einfall. Freilich, Gedanken, welche vor der Gefahr des Irrtums sich allzu sehr absichern, sind ohnehin verloren, und die Risiken, die Kracauer lief, entbehren darum nicht der verschlagenen Vorsicht; einmal hat er einem Traktat als Motto einen Satz Nietzsches vorangestellt des Inhalts, ein Gedanke, der nicht gefährlich ist, sei nicht wert, gedacht zu werden; nur wird das Opfer solcher Gefahren häufiger der Gedanke selbst als dessen Objekt. Andererseits verlieh Kracauers Autodidaktentum ihm einige Unabhängigkeit von der eingeschliffenen Methode. Erspart blieb ihm das Verhängnis professioneller Philosophie, als Branche, als Spezialwissenschaft jenseits der Spezialwissenschaften sich zu etablieren; so hat er von der Demarkationslinie zwischen Philosophie und Soziologie nie sich erschrecken lassen. Das Medium seines Denkens war Erfahrung. Nicht die der empiristischen und positivistischen Schulen, welche Erfahrung selbst auf ihre allgemeinen Prinzipien abdestillieren, Methode daraus machen. Er folgte geistiger Erfahrung als einem Individuellen, entschlossen, nur das zu denken, was er zu füllen vermochte, was ihm selber an Menschen und Dingen sich konkretisiert hatte. Die Tendenz zur Verinhaltlichung des Denkens gegenüber dem in seiner Jugend noch unerschütterten neukantischen Formalismus war dadurch gesetzt. Er knüpfte an Georg Simmel und Max Scheler an, welche als erste, wider die offizielle Arbeitsteilung, das philosophische mit einem gesellschaftlichen Interesse verbanden, das seit Hegels Tod zumindest in der approbierten Philosophie in Mißkredit geraten war. Beide hat er auch privat gut gekannt. Simmel, über den er eine Studie verfaßte, riet ihm, ganz zur Philosophie überzugehen. Nicht nur schulte er an ihm die Fähigkeit, spezifische, sachhaltige Phänomene auf das zu interpretieren, was, nach jener Konzeption, an allgemeinen Strukturen in ihnen erscheint. Er war ihm darüber hinaus in einer Attitude von Denken und Darstellung verpflichtet, welche mit verweilender Sorgfalt ein Glied ans andere fügt, selbst dort, wo die Bewegung des Gedankens vieler solcher Zwischenglieder entraten, wo das Tempo sich straffen könnte: Denken mit dem Bleistift in der Hand. Dies Moment von Bedächtigkeit hat Kracauer später, während seiner Tätigkeit als Redakteur, vorm Journalismus geschützt; schwer fiel ihm, das Umständliche dessen loszuwerden, der stets wieder alles, auch das Bekannte, für sich finden muß, als wäre es frisch entdeckt. Die Wirkung Simmels auf ihn war wohl eher die des Denkgestus als Wahlverwandtschaft mit der irrationalistischen Lebensphilosophie. In Scheler dann begegnete ihm die Phänomenologie, früher als die Husserlsche. Sein Buch ›Soziologie als Wissenschaft‹ (1922) bemüht sich deutlich, das material-soziologische Interesse mit erkenntnistheoretischen Reflexionen zu verbinden, die auf der phänomenologischen Methode basieren. Diese kam seiner spezifischen Begabung entgegen. So wenig der Reifende mit seinem Metier, der Architektur, zu tun haben mochte, der Primat des Optischen, den diese verlangt, blieb, vergeistigt, ihm erhalten. Seine Art

Intellektualität hat nichts vom hochtrabenden Intuitionismus, viel vom nüchternen Sehen. Er denkt mit dem fast hilflos erstaunten, jäh dann aufleuchtenden Auge. Mit solchem Blick mögen wohl Unterdrückte ihres Leidens Herr werden. In einem nur schwer zu treffenden Sinn war sein Denken eigentlich immer mehr Anschauung als Denken, eigensinnig bestrebt, nichts von dem durch Erklärung sich abmarkten zu lassen, was die harten Dinge im Aufprall ihm eingeprägt hatten. Sein Verdacht gegen die Spekulation nährte sich nicht zuletzt an seinem Naturell, das um so spröder war gegen die Illusion, weil es diese mit soviel Mühe sich abgewöhnt hatte. Das Programm der Wesensschau, zumal die sogenannte Bildchen-Phänomenologie, schien dem schmerzlich ausdauernden Blick, der sich nicht abweisen läßt, angemessen, wie wenig auch im übrigen Kracauers skeptischer Zug den Schelerschen Anspruch billigen mochte, ein schlechthin und objektiv Gültiges unmittelbar, reflexionslos zu ergreifen. Die Phänomenologie jener Zeit enthielt noch ganz andere Potentiale als die, welche nach Scheler dominierend aus ihr hervortraten. Sie war gleichsam einem neu heraufkommenden Intellektuellentypus und seinen Nöten auf den Leib geschrieben. Das Stichwort Wesensschau bot sich als Heilmittel dar für die anwachsende Unfähigkeit des erfahrenden Bewußtseins, die komplexe und ideologisch immer dichter übersponnene gesellschaftliche Realität zu verstehen und zu durchdringen. Deren Physiognomik okkupierte den Platz der in Mißkredit geratenen Theorie. Keineswegs war sie einzig Surrogat für diese; sie lehrte das Bewußtsein, das sich zu assimilieren, was dem, der von oben her denkt, leicht entschlüpft, und doch nicht mit stumpfen Tatsachen sich abspeisen zu lassen. Phänomenologie taugte für solche, die weder von Ideologien verblendet werden mochten, noch von der Fassade dessen, was bloß konstatierbar ist. Derlei

Innervationen sind in Kracauer so fruchtbar geworden wie nur in wenigen anderen.

Sein zentrales und darum als solches bei ihm kaum je thematisches Thema ist die Inkommensurabilität, wie sie die Philosophie als Verhältnis von Idee und Existenz perennierend beschäftigt. In dem Soziologiebuch meldet es sich darin, daß von den obersten abstrakten Bestimmungen, zu denen jene Disziplin sich erhebt, nicht bruchlos, kontinuierlich zur Empirie zurückzukehren sei, nachdem einmal das bestimmte Seiende ausgeschieden ward. In all seinen Arbeiten erinnert Kracauer daran, daß Denken, rückblickend, das nicht vergessen dürfe, wessen es sich, um Gedanke zu werden, notwendig entledigt habe. Dies Motiv ist materialistisch; es führte Kracauer, fast gegen seinen Willen, zur Kritik der Gesellschaft, deren Geist solches Vergessen angelegentlich besorgt. Zugleich indessen fährt der Widerwille gegen den rückhaltlosen Gedanken auch der materialistischen Konsequenz in die Parade. Allemal trägt das rechte Maß seine Strafe in sich, den Moderantismus. In den politischen Berliner Jahren hat Kracauer sich einmal über sich als Derrièregarde der Avantgarde mokiert. Zum Bruch mit dieser kam es so wenig wie zum Einverständnis. Ich erinnere mich an ein etwas früheres Gespräch von großer Tragweite zwischen uns, in dem Kracauer, wider mich, den Begriff der Solidarität nicht hoch stellen wollte. Aber die pure Individualität, in der er sich zu verstocken schien, durchschaute virtuell sich in ihrer Selbstreflexion. Der Philosophie ausweichend, wird das Existentielle sich zur Clownerie, gar nicht soviel anders als Brechts Exzentrikvers: In mir habt ihr einen, auf den könnt ihr nicht bauen. Wie Kracauers Selbstverständnis des Individuellen aussah, projizierte er auf Chaplin: er sei ein Loch. Was da die Stelle von Existenz eroberte, war der Privatmann als imago, der Sokratische

Sonderling als Ideenträger, ein Ärgernis nach den Kriterien des herrschend Allgemeinen. Seinen parti pris fürs Unauflösliche – Konstante inmitten einer höchst wechselvollen Entwicklung – definierte Kracauer gelegentlich als Abneigung gegen das Hundertprozentige. Das ist aber keine andere als die gegen emphatische Theorie: diese muß, in der Interpretation ihrer Gegenstände, bis zum Äußersten gehen, wenn sie nicht ihrer eigenen Idee widerstreiten will. Zäh beharrte Kracauer demgegenüber auf einem Moment, das dem deutschen Geist, fast gleichgültig welcher Richtung, stets wieder im Begriff verdampft. Freilich hat er damit der Aufgabe sich versagt, an die sein Bewußtsein von der Nichtidentität der Sache mit ihrem Begriff dicht ihn heranführte: den Gedanken aus dem ihm Widerspenstigen zu extrapolieren, das Allgemeine aus dem Extrem der Besonderung. Dialektisches Denken war seinem Naturell nie gemäß. Er beschied sich bei genauer Fixierung des Besonderen zugunsten seines Gebrauchs als Exempel für allgemeine Sachverhalte. Das Bedürfnis nach strikter Vermittlung in der Sache selbst, nach dem Aufweis des Wesenhaften inmitten der innersten Zelle von Besonderung, war kaum das seine. Er hielt sich darin konservativ an die Umfangslogik. Die Idee geistiger Atomzertrümmerung, den unwiderruflichen Bruch mit der Erscheinung, wiese er wohl als spekulativ von sich, schlüge eigensinnig sich auf die Seite Sancho Pansas. Im Zeichen ihrer Undurchdringlichkeit läßt sein Gedanke die Realität, an die er erinnert und die er durchdringen sollte, stehen. Von da bietet sich ein Übergang zu ihrer Rechtfertigung als der des Unabänderlichen an. Dem entspricht, daß die Inthronisation einer sei's noch so queren individuellen Erfahrung, die bei sich selber zu Hause ist, gesellschaftlich akzeptabel bleibt. Das principium individuationis, wie sehr es sich auch in Opposition zur Gesellschaft fühlt, ist deren eigenes. Der Gedanke, der zögert, über seine idiosynkratische Reaktionsform hinauszuschießen, bindet damit sich auch an ein Zufälliges und verklärt es, um nur ja nicht das große Allgemeine zu verklären. Die spontane Reaktion des Individuums ist aber kein Letztes und darum auch nicht der Garant verbindlicher Erkenntnis. Sogar vermeintlich extrem individuelle Reaktionsweisen sind vermittelt durch die Objektivität, auf die sie ansprechen, und müßten dieser Vermittlung um ihres eigenen Wahrheitsgehalts willen innewerden. So motiviert das Desinteressement an allem bloß Gelernten ist, als das an der Äußerlichkeit des Wissenschaftsbetriebes, so sehr bedarf umgekehrt der Gedanke der Entäußerung dem Erfahrungsumkreis gegenüber, in dem er sich bildet. Kracauers soupçon gegen die Theorie als gegen den Übermut einer Vernunft, welche der eigenen Naturwüchsigkeit vergißt, hat Grund genug. Nicht der geringfügigste ist, wie sehr Theorie in ihrer Reinheit zum Herrschaftsmittel wurde. Der schlechte Bann, den Gedanken ausüben – auch ihr Erfolg auf dem Markt –, wird von ihrer konsequenzlogischen, systematischen Artikulation mitbewirkt. Der Gedanke jedoch, der als Antwort darauf der theoretischen Verbindlichkeit sich entzieht, die doch jeder Gedanke an sich anmeldet, wird nicht nur in der Realität ohnmächtig; das allein wäre kein Einwand. Aber er büßt auch in sich an Kraft und Evidenz ein. Der Widerstreit von Erfahrung und Theorie ist nicht nach der einen oder anderen Seite bündig zu entscheiden, sondern wahrhaft eine Antinomie, so auszutragen, daß die konträren Elemente wechselseitig sich durchdringen.

Auf die Phänomenologie ließ Kracauer so wenig sich vereidigen wie auf irgendeine andere geistige Position; Simmel am treuesten in einer Art philosophischer Treulosigkeit, der überwachen Angst gleichsam vor intellektuellen Verpflichtungen, als wären es Schulden. Die reaktive

Verhaltensweise Kracauers sprang gern ab, wo er sich gebunden fühlte. Die vielen Kritiken, die er in seinem Leben schrieb und unter denen es an schneidenden nicht fehlt, sagen fast alle von Momenten seines Eigenen sich los, oder wenigstens von Eindrücken, die ihn überwältigten. Mit einer Hegelschen Wendung wäre deshalb wohl gegen ihn einzuwenden, es mangele ihm, bei aller Aufgeschlossenheit und gerade um deren Hartnäckigkeit willen, an Freiheit zum Objekt. In dem Blick, der an die Sache sich festsaugt, ist bei Kracauer, anstelle der Theorie, immer schon er selber da. Das Ausdrucksmoment gewinnt Übergewicht über die Sache, der die Erfahrung gilt. Während dies Denken vorm Denken scheut, gelangt es selten zur Selbstvergessenheit. Das Subjekt, das seine primäre Erfahrung als Eigentum hütet, wird leicht mit dem Spruch anch' io sono pittore vors Erfahrene sich stellen. Immer wieder warf er gegen andere Widerhaken aus; auch gegen Scheler, über den er trotz der nahen persönlichen Beziehung einen Aufsatz in der Frankfurter Zeitung publizierte, der die Willkür der von Scheler lancierten Ewigkeitswerte, und damit ihr Ideologisches, brüsk und aufrichtig beim Namen nannte. Nicht etwa predigt Kracauer das Individuum als Norm oder Endzweck; dazu reagiert er zu gesellschaftlich. Aber sein Denken beißt darin sich fest, daß nicht gedacht werden könne, was zu denken wäre; erkürt dies Negative als Substanz. Das, nicht eigentlich theologisches Bedürfnis, fesselte ihn an Kierkegaard und die Existenzphilosophie, der er in Abhandlungen wie der ungedruckten über den Detektivroman – das erste Kapitel daraus steht jetzt im ›Ornament der Masse‹ – sich näherte. Längst vor Heidegger und Jaspers hat er ein existentialistisches Werk entworfen, so wenig jedoch es vollendet, wie einige Jahre darauf eines über den Begriff des Menschen bei Marx. Kein Bonmot ist es, sondern simple Feststellung, es rechne zu Kracauers erheblichsten Leistungen, daß er jene anspruchsvollen Manuskripte liegen ließ, obwohl seine Kraft ihnen gewachsen gewesen wäre. Seine insistente Scheu, der Theorie anderer oder der eigenen botmäßig zu werden, wendete er produktiv. Der vom Inkommensurablen Besessene fand sich nicht bereit, gegen sein eigenes Motiv zu freveln, indem er Inkommensurabilität zur Philosophie ausgewalzt hätte. Scharfsinnig erkannte er, daß die Marxische Idee des Menschen, mag immer sie dessen Doktrin gespeist haben, zu einem Statischen herabgewürdigt, der Tenor seiner Dialektik verfehlt werde, wenn man sie positiv im Menschenwesen fundiert, anstatt sie kritisch an den von Menschen verschandelten und durch Menschen zu ändernden Verhältnissen aufgehen zu lassen. Daß Kracauer seine existentialistischen Erwägungen so wenig wie die gesellschaftlichen als solche exponierte, sondern nur indirekt, am liebsten in der Darstellung von apokryphen Phänomenen, die ihm zu geschichtsphilosophischen Allegorien wurden wie der Detektivroman, war mehr als literarische Laune. Seinem material gerichteten Denken mochte unbewußt von Anbeginn vorschweben, daß die sogenannten großen geistigen Gehalte, Ideen und ontologischen Strukturen nicht für sich, jenseits der Stoffschichten und unabhängig von ihnen sind, sondern unablöslich mit diesen verwachsen; das hat ihn dann zur Rezeption Walter Benjamins befähigt. Gegen Martin Buber, in dem ihm der Existentialismus leibhaftig entgegentrat, richtete er eine ebenfalls im ›Ornament‹ neu aufgelegte, höchst lesenswerte Polemik, in der er das restaurative Wesen der Bibelübersetzung identifizierte, eines Prototyps für den Jargon der Eigentlichkeit von heutzutage. Die Polemik wird getragen von der Einsicht, daß Theologie nicht sich wiederherstellen läßt aus dem bloßen Willen, weil es gut wäre, eine zu haben; das kettete Theologie selber an das Innermenschliche, jenseits dessen sie sich behauptet.

Nach dem Tenor solcher Kritik war die energische Wendung Kracauers zur Soziologie kein Bruch mit seiner philosophischen Absicht sondern deren Konsequenz. Je blinder er an die Stoffe sich verlor, welche seine Erfahrung ihm zutrug, desto fruchtbarer das Ergebnis. So hat er den Film als soziale Tatsache recht eigentlich entdeckt. Nicht fragte er unmittelbar den Wirkungen nach; sein flair mochte ihn davor warnen, diese Wirkungen dingfest zu machen. Sie sind kaum auf einzelne Kinobesuche, vielleicht nicht einmal auf eine Vielfalt zu reduzieren, sondern nur auf die Totalität der Reize, welche im Film, jedenfalls vor dem Fernsehen, am pronociertesten waren. Kracauer hat den Film selber als Ideologie dechiffriert. Die unausgesprochene Hypothese wäre nach den Regeln der mittlerweile technisch hochentwickelten empirischen Sozialforschung anstößig, behielt aber bis heute ihre volle Plausibilität: daß nämlich, wenn ein von Massen begehrtes und konsumiertes Medium eine in sich einstimmige, fest zusammengebackene Ideologie übermittelt, diese Ideologie vermutlich ebenso den Bedürfnissen der Kunden sich anpaßt, wie sie diese umgekehrt zunehmend modelt. Die Entblätterung der Filmideologie war ihm soviel wie die Phänomenologie einer neu sich bildenden Stufe des objektiven Geistes. Die Suite ›Die kleinen Ladenmädchen gehen ins Kino‹, die in der Frankfurter Zeitung großes Aufsehen erregte, hat diese Verfahrungsweise erstmals demonstriert. Dabei war das Interesse Kracauers an der Massenpsychologie des Films niemals bloß kritisch. Er hat in sich selbst etwas von der naiven Sehlust des Kinobesuchers; noch in den kleinen Ladenmädchen, die ihn belustigen, trifft er ein Stück seiner eigenen Reaktionsform. Nicht zuletzt darum wurde sein Verhältnis zu den Massenmedien nie so schroff, wie es seine Reflexion auf deren Wirkung hätte erwarten lassen. Seine Hinneigung zum Unteren, von der hohen Kultur Ausgeschlossenen, in der er sich mit Ernst Bloch verstand, ließ ihn dort noch über Jahrmarkt und Drehorgel sich freuen, wo längst industrielle Großplanung jene verschluckt hatte. Im Caligaribuch werden Filmhandlungen seriös, ohne Wimperzucken referiert; jüngst in der Filmtheorie von Greueln wie der sichtbaren Genese eines Musikstücks im Komponisten, dem Helden, erzählt, als waltete dabei so etwas wie die technische Vernunft des Mediums. Der kommerzielle Film, dem Kracauer zuleibe rückte, profitiert unversehens von seiner Toleranz; vorm Intoleranten – dem experimentellen Film – zeigt jene zuweilen Grenzen.

Meldet der strikte soziologische Empirismus gegen die asystematische Erfahrung, die Kracauers Soziologie aufbietet, an, der Zusammenhang zwischen jenem angeblich objektiven Geist und dem tatsächlichen Bewußtsein der Massen, das in ihm sich niederschlagen solle, sei nicht bewiesen, so ist dem Einwand etwas zu konzedieren. So verhökert die sogenannte Boulevardpresse in den meisten Ländern der Erde neben ihren Sensationen vielfach rechtsextreme politische Konterbande, ohne daß das in den angelsächsischen Ländern die Millionen von Lesern gar zu sehr beeinflußt hätte. Indessen sind solche Einwände durchweg fast verschworen mit dem Film als Ware, und insgesamt dem, was sich durch die Kennmarke Massenmedien salviert. Diese werden dadurch entlastet, daß man nicht streng beweisen könne, was für Unheil sie anrichten. Die Analyse des Gebotenen selbst ergibt zumindest, daß sie anderes als Unheil schwer anrichten könnten. Ratsamer wäre der Versuch, eben die Analyse der Reize, die Kracauer inaugurierte und für die heute der Name content analysis sich eingebürgert hat, über die ursprüngliche These von der ideologischen Wunscherfüllung hinaus zu verfeinern, als einem Studium von Wirkungen nachzuhängen, das nur allzu leicht den konkreten Inhalt des Einwirkenden, das Verhältnis zur dargebotenen Ideologie versäumt. Kracauer steht zum soziologischen Empirismus ambivalent. Einerseits sympathisiert er mit ihm, im Sinne seines Reservats gegen soziale Theorie; andererseits hat er, nach dem Maß seiner Vorstellung von Erfahrung, gegen die festnagelnde, quantifizierende Methode nachdrückliche Vorbehalte. Als er schon lange Jahre in Amerika gelebt hatte, exponierte er sich durch eine scharfsinnige theoretische Verteidigung der qualitativen Analyse. Sie gewinnt ihren rechten Stellenwert erst, wenn man weiß, wie sehr sie den fast universalen Usus der institutionellen Soziologie drüben herausfordert. Kracauers erfahrendes Verhalten blieb das des Fremden, in den Geist transponiert. Er denkt, als hätte er das Kindheitstrauma problematischer Zugehörigkeit umgewandelt in eine Sehweise, der alles sich darstellt wie auf der Reise, auch das grau Gewohnte als buntes Objekt des Staunens. Solche Unabhängigkeit von der konventionellen Schale wurde durch den Brechtschen Terminus Verfremdung mittlerweile selber konventionalisiert; bei Kracauer war sie originär. Er kostümiert sich geistig gleichwie mit Sportanzug und Kappe. Im Untertitel des Angestelltenbuchs, ›Aus dem neuesten Deutschland‹, klingt das an. Gemeint ist Humanität nicht durch Identifikation, sondern durch deren Abwesenheit; sich Draußenhalten als Medium der Erkenntnis.

Kracauer emanzipierte sich als Soziologe ganz in jenem Angestelltenbuch. Die Methode teilt manches mit dem, was man in den Vereinigten Staaten als Verfahren des participant observer bezeichnet, etwa dem der Lynds in Middletown; ihr Werk war 1930 Kracauer gewiß unbekannt. In den ›Angestellten‹ benutzte er weithin Interviews, jedoch keine standardisierten Befragungsschemata; flexibel schmiegte er sich der Gesprächssituation an. Wird die angebliche Strenge und Objektivität von Erhebungen vielfach bezahlt mit einem Mangel an Konkretion und wesentlicher Einsicht, so hat Kracauer sein Leben lang versucht, auf jene planvoll-unsystematische Weise die Forderung nach Empirie auszugleichen mit der, daß etwas Sinnvolles resultiere. Darin liegen die besonderen Meriten des Buches, das neu zugänglich gemacht zu haben dem mit dem Allensbacher Institut verbundenen Verlag für Demoskopie zu danken ist. Gewitzigter als die gleichzeitigen Veröffentlichungen der akademischen Wissenschaft hat er diagnosziert, was er Angestelltenkultur taufte. Er beschrieb sie etwa am Berliner Haus Vaterland, dem Urbild des synthetisch hergestellten Bewußtseins jenes neuen Mittelstands, der keiner war. Der Stil hat unterdessen über die Gesamtgesellschaft der hochindustriellen Länder sich ausgedehnt. Wörter wie nivellierte Mittelstands- und Konsumgesellschaft neutralisieren sein Unwahres. In seinen wesentlichen Ingredienzien gleicht er nach wie vor dem, was Kracauer an den Angestellten von 1930 beobachtete. Ökonomisch proletarisiert, der Ideologie nach krampfhaft bürgerlich, stellten sie ein erhebliches Kontingent zur Massenbasis des Faschismus bei. Das Angestelltenbuch gibt wie unter Laboratoriumsbedingungen eine vorausschauende Ontologie jenes erst in der jüngsten Phase dem Gesamtsystem fugenlos integrierten Bewußtseins. Beeinträchtigt wird es allenfalls durch den Ton von Ironie, in dem es sich gefällt. Nach dem Grauen, das jenes Bewußtsein ausbrüten half, klingt er harmlos zugleich und ein wenig hochmütig, als Preis für Kracauers Feindseligkeit gegen eine Theorie, der, würde sie unbeirrt verfolgt, das Lachen im Hals erstickte. Selbstverständlich wußte er, daß der Geist, auf den er mit Fingern deutete, in dessen Trägern erweckt, angestachelt und planvoll reproduziert, nicht ihr spontan eigener war und ist. Aber indem er, warum auch immer, das ausspart, lieber auf die unmittelbare Fühlung mit den von der Massenkultur Manipulierten als auf das Gesamtsystem sich bezieht, scheint er es doch gelegentlich ihnen zur Last zu legen. Selbst diese Verschiebung hat ihr Legitimes: die Empörung darüber, daß Ungezählte, die es besser wissen müßten, zutiefst auch es besser wissen, gleichwohl dem falschen Bewußtsein mit Passion sich überantworteten. Wie weit Kracauer im Angestelltenbuch sich vorwagte, zeigt am besten seine Kritik an der Rationalität der technologischen Rationalisierung, welche die Angestellten zur Arbeitslosigkeit verurteilte: »Er – der Kapitalismus – rationalisiert nicht zuviel, sondern zuwenig. Das von ihm getragene Denken widerstrebt der Vollendung zur Vernunft, die aus dem Grunde des Menschen redet.«[1]) Kracauers Rede von dem mittlerweile anrüchigen »Grunde des Menschen« wird entschuldigt dadurch, daß er damit eben die Vernunft meint, welche solche Rede sonst diffamiert. Sein dégoût aber heftet sich an die Signatur des Gesamtzeitalters: daß die Menschen nicht einfach von der Ideologie betrogen werden, sondern daß sie vollends dem lateinischen Spruch gehorchen, betrogen werden wollen, und zwar desto verbissener, je leidvoller es wäre, dem Zustand ins Auge zu sehen. Kracauer hat im übrigen seine Ideologiekritik keineswegs auf die Massensphäre beschränkt. Er übte sie auch dort, wo gehobenere Ansprüche des Kulturbürgertums fortwesten, aber unvermerkt zu einem Schund verkamen, der sich fürs Gegenteil hält. Die sinistren Implikationen der Biographienmode förderte er als erster zutage.

Für Kracauers bedeutendste Leistung halte ich ein Gebilde, das, paradox genug, selbst im Niemandsland zwischen Roman und Biographie angesiedelt ist, den zuerst 1928 erschienenen ›Ginster‹. Der Titel, nach einer Pflanze, die, wie er einmal gleich Ringelnatz sagte, an Bahndämmen

[1]) Siegfried Kracauer, Das Ornament der Masse, Frankfurt 1963, S. 57.

blüht, ersetzte den Autorennamen; »von ihm selbst geschrieben« sollte es sein, anonym, nicht pseudonym. Das ästhetische Subjekt wird nicht schroff von der empirischen Person abgehoben. Noch die erzählende Gestalt gerät, der Form und der Bestimmung nach, ins Feld der Kracauerschen Ironie. Der Ginster ist kein blindes, autarkisches Kunstwerk, sondern das Atheoretische daran theoretisch. Dargestellt wird jenes Unauflösliche, das Kracauer, wenn man so sagen will, lehrt; auf eine in Deutschland höchst seltene Weise, für die es hierzulande kaum ein Vorbild gibt als Lichtenberg, erneute Manifestation einer ehrwürdig aufklärerischen Gattung, des roman philosophique. Kracauer hat den Ginster einen intellektuellen Schwejk genannt. Produktiv wurde das Buch, dem die Jahre wenig anhaben konnten, indem es nicht den Knoten der Individualität als Substantielles affirmativ hinstellt. Vermöge der ästhetischen Reflexion wird das tragende Ich selbst relativiert. Raffinierte Läppischkeit, die sich stellt, als verstünde sie nicht, während sie tatsächlich nicht versteht, ist das Reversbild absoluter Individuation. Schlau bändigt Ginster die Realität, in der er haust, nicht weniger als vor ihm die stolz in die Brust sich werfenden Persönlichkeiten schrumpfen. Naivetät, die sich selbst als Lebenstechnik durchschaut und beschreibt, ist es nicht länger. Sie transzendiert zu jener Theorie, der sie eine Nase dreht. Die Möglichkeit des menschlich Unmittelbaren wird demonstriert und negiert in eins. Gründlich bewährt der Ginster, daß Freiheit, Positivität überhaupt heute nicht als solche sich setzen ließe; sonst würde das idiosynkratische Moment in Kracauer unweigerlich zur Manie. Weise hat er in der Neuausgabe auf das letzte Kapitel des Originals verzichtet, das mit solcher Positivität kokettierte. Ebenbürtig der Konzeption ist die Sprache. Mit ihrer unzähmbaren Lust, Metaphern wörtlich zu nehmen, eulenspiegelhaft zu verselbständigen, aus ihnen eine Arabeskenrealität zweiten Grades zu stricheln, treibt sie Luftwurzeln weit in die Moderne hinein. Bitterschade, daß Kracauer unterm Zwang, englisch zu schreiben, wohl auch aus Empörung über das Geschehene, in seinen reifsten Jahren der eigenen Sprachkunst gegenüber, die unablösbar ist vom Deutschen, Askese übte.

Die sozialkritische Phase Kracauers, zu der der Ginster schon zählt, datiert hinter seine Berliner Tätigkeit für die Frankfurter Zeitung zurück. Doch empfing er, in den letzten Jahren vor dem Faschismus, von der scharfen Luft jenes Berlin Impulse. Gleichwohl behielt seine Gesellschaftskritik, auch nachdem er mit Marx sich beschäftigt hatte, das Einzelgängerische. Noch angesichts des äußersten Konflikts war er nicht aus der Position des vertrackten Individualisten herauszumanövrieren, so genau ihm auch die Einwände dagegen vor Augen standen. Er entschädigte sich an dem, was durch die Maschen der großen Theorie fiel. Humanität suchte er im Besonderen, genau dem, was den Totalitären unerträglich war. Mit Brecht geriet er aneinander, erfand gegen ihn den Witz von der Augsburger Konfusion und erklärte, als Brecht auf den Jasager den Neinsager folgen ließ, er, Kracauer, gedächte, den Vielleichtsager zu schreiben; kein übles Programm dessen, der einmal die Haltung des Wartenden als die seine entwickelte; zugleich auch Formel kritischer Selbstreflexion.

Schon vor den Berliner Jahren allerdings begann an Kracauer ein schwer Präzisierbares, aber Essentielles sich zu ändern; so als ob er mit einem Entschluß, wie Hans Sachs vorm Gang auf die Festwiese befiehlt, die Läden gut zu schließen, seine Leidensfähigkeit sich verboten, gelobt hätte, glücklich zu sein. Bereits Ginster entfährt, nach der Szene mit einem Offizier, die freilich noch ironische Maxime, man müsse feuerfest werden. Der keine Haut hatte, ließ sich einen Panzer wachsen. Und von dem Tag an, da er nicht mehr der Welt schutzlos ausgeliefert sein wollte, sondern sich in sich zurücklehnte, hat er mit der Welt besser kommuniziert. Der Gestus des So- und nicht anders Seins harmoniert recht wohl mit erfolgreicherer Anpassung, denn die Welt ist ihrerseits so und nicht anders, nach dem Prinzip unerhellt expansiver Selbsterhaltung. Ihm fehlte bei Kracauer nie die Clownerie. Einer ihrer Aspekte war stets planvolle Vogel Strauß-Politik. So hat er noch, als wir uns während der Emigration zum erstenmal, in Paris, wiedersahen, in dem bescheidenen Hotel mich empfangen wie Stauffacher auf dem Seinigen. Er empfand, auf seine hintersinnige Weise, das Frankreich vorm Zweiten Krieg, das schon in den Fugen knackte, ebenso als ihm gemäß wie, nach gelungener Flucht, Amerika, wo er tatsächlich überraschend reussierte. Er hat auch diesen Aspekt seines Schicksals und Charakters noch reflektiert in einem unveröffentlichten Roman, dessen Held in seinen Bedürfnissen und Neigungen quer übereinstimmt mit den wechselnden Lagen, in die er gerät, bis er schließlich doch wegen linker politischer Ansichten seine Stellung verliert. Kracauers Strategie der Anpassung hatte immer etwas von List, vom Willen, mit dem Feindseligen und Übermächtigen fertig zu werden, indem er es im eigenen Bewußtsein womöglich überbot und dadurch, inmitten zwangsläufiger Identifikation, sich distanzierte. In der Filmtheorie hat er, bei Gelegenheit der David und Goliath-Thematik, ein Programm für sich selbst eingeschmuggelt: »Obwohl sich alle diese Figuren den bestehenden Gewalten zu unterwerfen scheinen, gelingt es ihnen doch, sie zu überdauern.«[2])

Um seiner Produktion nach 1933 – gleich der mancher

[2]) Siegfried Kracauer, Theorie des Films. Frankfurt am Main 1964, S. 366.

anderer Vertriebener – Gerechtigkeit widerfahren zu lassen, ist, ohne daß die Dankbarkeit fürs Asyl verletzt würde, von der Lage der emigrierten Intellektuellen ungeschminkter zu reden als sonst in Deutschland üblich. Devisenbestimmungen und Sondersteuern zwangen die Intellektuellen, buchstäblich als Bettler auszuwandern. Die Kalkulation der Nationalsozialisten, deshalb würden die ihnen Verhaßten auch dort, wo sie Zuflucht fänden, nicht zu gern gesehen, war nicht durchaus abwegig. Daß manche Staaten nur solche aufnahmen, die über nützliche praktische Fertigkeiten verfügten, wirft Licht selbst auf Länder, die auf derlei Stacheldrahtzäune verzichteten. Überall fühlte der Intellektuelle, soweit er nicht innerhalb des etablierten Wissenschaftsbetriebs sich durch sogenannte positive Leistungen qualifiziert hatte oder wenigstens aus der Universitätshierarchie kam, sich als überflüssig. Wahrscheinlich war der Zwang, sich einzugliedern, ärger als bei früheren Emigrationen. In den wichtigsten Zufluchtsländern war das soziale Netz allzu dicht gesponnen, die thought control allzu rigoros. Drohende Arbeitslosigkeit machte potentielle Konkurrenten unerwünscht. Emigranten, die keine Freunde hatten, welche solidarisch zu ihnen standen, mußten kapitulieren, um zu leben. Im wirtschaftlichen Bereich geht, nach der bürgerlichen Spielregel von Angebot und Nachfrage, alles mit rechten Dingen zu. Daß sie auf den Geist übergreift; daß er schließlich vom Funktionszusammenhang absorbiert wird, liegt in der unverrückbaren Konsequenz des Systems, widerspricht aber zugleich unversöhnlich dem Prinzip des Geistes selbst, der in der Reproduktion des Lebens nicht aufgehen soll und, indem er das Bestehende bewußt macht, ein mögliches Anderes im Negativ umreißt. Geist, der, nach einer Logik, die nur im glücklichen Ausnahmefall suspendiert wird, willfahrt, streicht eben dadurch sich selbst aus; drastischer noch als

sonstwo wird für ihn der Primat der Produktionsver-
hältnisse zur Fessel der Produktivkraft. Unvergeßlich, wie
in den ersten Emigrationsmonaten ein seitdem verstor-
bener, sehr berühmter deutscher Soziologe, als ich in einer
Diskussion Englisch radebrechte, scherzend mich ermun-
terte: ich dürfe in angelsächsichen Ländern nie versuchen,
mehr auszudrücken als das, was ich gestammelt hatte. Während ich mich an den Rat nicht hielt, hat er mich immerhin
davor bewahrt, über die anderen mich erhaben zu fühlen.
Zur Entrüstung ist um so weniger Anlaß, als, was so leicht
solche als Charakterlosigkeit beanstanden, denen die Probe erspart blieb, seinerseits ein Moment bürgerlichen An-
stands enthält, den Willen, nicht von Almosen zu leben,
sondern die Existenz aus Eigenem zu erwerben. Zum Zynismus jedoch, zu einer doppelschlächtigen Produktion, in
der man geistige Integrität bewahrt und mit der linken
Hand verkäufliche Bücher schreibt, bedürfte es einer Kraft,
die offenbar so wenig irgendeinem vergönnt ward, wie
etwa ein Musiker bis heute nebeneinander avantgardi-
stisch komponieren und mit Schlagern Geld verdienen
konnte. Brechts Bitte um Nachsicht wäre auf diesen Komplex auszudehnen.

Amerika hat vielen europäischen Ländern der Hitlerzeit
insofern überlegen sich gezeigt, als es allen Emigranten
die Möglichkeit zu arbeiten gewährte, keinen auf den dauernden Status des Unterstützungsempfängers herabdrückte.
Dafür war die Last des Konformismus, welche auch die
Einheimischen beugt, besonders hart. Ihre begeisterten
Fürsprecher waren bereits erfolgreiche intellektuelle Ein-
wanderer. Anpassung wurde nochmals zu der Norm, die
sie ohnehin in der frühen Entwicklung der meisten gewesen war, verinnerlicht von all denen, die schwerlich anders
ihren äußeren und inneren Schwierigkeiten gewachsen gewesen wären, als indem sie dem von Anna Freud Identi-

fikation mit dem Angreifer genannten psychologischen Mechanismus gehorchten. Ein Korrektiv wäre gewesen, nach dem Sturz des Hitler gerade diejenigen Emigranten, deren Qualität in dem nicht umstandslos Tauschbaren und Verwertbaren bestand, zurückzuholen. Das taten zwar einzelne Universitäten, wie die Frankfurter, und jüngst, so dezidiert wie keiner zuvor, Adolf Arndt als Berliner Kultursenator. Nicht aber geschah es generell. Daß diese Art Wiedergutmachung, die an dem beschädigten geistigen Leben selber, versäumt ward, ist unverantwortlich nicht nur den Opfern sondern erst recht dem gegenüber, was sonst mit Vorliebe als deutsches Interesse sich vorträgt. Was ein Mann wie Kracauer an maßgeblicher Stelle, etwa als Kulturpolitiker einer großen Zeitung, Gutes hätte tun können, läßt sich nicht überschätzen. Erinnert sei bloß an seine Definition der Sprache Heideggers durchs Sprichwort: die Eifersucht ist eine Leidenschaft, die mit Eifer sucht, was Leiden schafft. Kracauers hartnäckige Weigerung, sich blauen Dunst vormachen zu lassen, wäre eine heilsame Droge gegen das synthetische Klima der auferstandenen Kultur geworden. Er widerstand Brecht und Heidegger gleichermaßen, immun gegen jene Beherrschungstechniken, die man in Deutschland so prompt der Größe gleichsetzt, und die den Begriff der Größe selbst fatal gemacht haben. An dem Scheinhaften, schlecht Affirmativen des gegenwärtigen objektiven Geistes trägt keine geringe Schuld das Vakuum, welches die Abwesenheit der emigrierten intelligentsia schuf. Verstärkt wird die Schuld durch jene, welche am liebsten die Vertriebenen verantwortlich machen möchten für den Niedergang der Weimarer Republik, weil sie ihn erkannten. Das Verhängnis der faschistischen Diktatur reicht hinaus über das Schicksal der Ermordeten, obwohl es die Besinnung über andere Folgen verschlägt. Mit Variation eines kabbalistischen Wortes wäre wohl zu fragen, ob nicht das Land, das seine Juden vertrieb, ebensoviel verlor wie diese.

Keiner sollte Kracauers ›Offenbach‹, der in Deutschland neu unter dem Titel ›Pariser Leben‹ herauskam, oder ›Von Caligari zu Hitler‹ lesen, ohne das zu erwägen, und kein Gran des Gönnerhaften dürfte beigemischt sein. Für das Unselige hat einmal ein Angepaßter triumphierend den Satz gebraucht, es gäbe keinen geistigen Transfer. Der ›Offenbach‹ zählt, mit Kracauerschem Augenblinzeln, zu jener Romanbiographik, deren rücksichtsloses Röntgenbild er präsentiert hatte; zugleich möchte er über die Pseudo-Individualisierung von derlei Produkten sich erheben durch die Idee einer »Gesellschaftsbiographie«. Die soziale Problematik des Zweiten Kaiserreichs sollte durchscheinen, auf welche die große Operette reagierte. Seine Grenzen hat das Buch auch an der Abstinenz der Musik gegenüber, deren sein Autor sich befleißigen mußte. – Der ›Caligari‹, reich an technischen Einzelanalysen, entwickelt, einleuchtend genug, die Geschichte des deutschen Films nach dem Ersten Krieg als die zur fortschreitenden Ideologie totalitärer Gewalt. Allerdings war jene Tendenz keineswegs auf den deutschen Film beschränkt; sie dürfte kulminiert haben im amerikanischen ›King Kong‹, wahrhaft einer Allegorie des unmäßigen und regressiven Monstrums, zu welchem das öffentliche Wesen sich auswuchs; zu schweigen von der Ehrenrettung Iwans des Schrecklichen und anderer Scheusäler im Stalinistischen Rußland. Doch läßt gerade aus dem an der Oberfläche Anfechtbaren der Kracauerschen These ein Wahres sich lernen: daß die Dynamik, die im Entsetzen des Dritten Reichs explodierte, hinabreichte bis in die Förderschächte der Gesellschaft insgesamt, und darum in der Ideologie auch solcher Länder sich spiegelte, denen die politische Katastrophe erspart ward. Gern wird ein gesellschaftlich Allgemeines als allein dort zuständig verkannt, wo man es erfuhr; schon Hölderlins Invektive gegen die Deutschen war in Wahrheit eine gegen die Deformation der Menschen durch die bürgerliche Gestalt der Arbeitsteilung überall. – Allmählich kehrte Kracauer zu dem zurück, was ihn ursprünglich bewegte, dem Film etwa, dessen Konstituentien er theoretisch zu destillieren sich anschickte, und schließlich, in einem groß intendierten Projekt, zur Geschichtsphilosophie.

Riskiert man etwas wie eine Deutung von Kracauers Figur, die dagegen widerborstig ist, so muß man für jenen Realismus besonderer Farbe das Wort suchen, der mit dem vertrauten Bild eines Realisten so wenig zu tun hat wie mit verklärendem Pathos oder der unentwegten Überzeugung von der Vormacht des Begriffs. Den Geist aus Geist vor seiner Selbstvergötzung zu behüten, war wohl Kracauers primäre Nötigung, gezeitigt vom Leiden dessen, dem man früh einbrannte, wie wenig der Geist vermag gegenüber der Brutalität des bloß Seienden. Aber die Rechnung seines Realismus geht nicht auf. Wie dieser reaktiv war, so kann er nicht bei der Desillusion sich beruhigen. Auch wo Kracauer defaitistisch gegen die Utopie eiferte, attackiert er eigentlich, gleichwie aus Angst, etwas, was ihn selbst beseelte. Der utopische Zug, der sich fürchtet vorm eigenen Namen und Begriff, verkriecht sich in die Gestalt des nicht recht Hineinpassenden. So leuchten die Augen eines schlecht behandelten und unterdrückten Kindes in Momenten, da es, plötzlich verstehend, sich verstanden fühlt und daraus Hoffnung schöpft. Das Bild Kracauers ist das des Menschen, der am Furchtbarsten gerade vorbeikam, und wie die Hoffnung der Menschheit sich verkapselt hat in die Chance, daß sie die Katastrophe vermeidet, so fällt der Widerschein solcher Hoffnung auf das Individuum, das diesen Vorgang gleichsam vorwegnimmt. »Denn nichts als nur Verzweiflung kann uns retten«, lautet ein Satz Grabbes. Deckbild der Hoffnung wird für Kracauer die bis zur Unansprechbarkeit sich in sich verschließende Individualität, die auf Hoffnung undurchlässig ist. Sie bekundet die Sehnsucht, einmal ohne Angst so unabgeschliffen sein zu dürfen, wie die Angst den Abweichenden prägte. Aus seiner Kindheit erzählte er einmal, er sei von Indianergeschichten derart besessen gewesen, daß sie die Grenze zur Realität überspülten. Eines Nachts erwachte er aus dem Traum schockhaft mit den Worten: »Ein fremder Stamm hat mich geraubt.« Darin ist sein Rebus aufgezeichnet, das Grauen, das in den Deportationen buchstäblich ward, samt der Sehnsucht nach der ungestraften und unschuldigeren Barbarei der beneideten Rothäute. Freuds Lehre, daß die Entscheidungen der individuellen Genese in der Kindheit fallen, gilt erst recht für den intelligiblen Charakter. Die Kinderimago lebt noch in dem vergeblichen und kompensatorischen Willen, auch ein rechter Erwachsener zu werden. Denn das Erwachsene gerade ist das Infantile. Desto begründeter die Trauer, die aus der Mimik klagt, je angestrengter Lächeln versichert, alles sei in bester Ordnung. Kind bleiben ist diesem Naturell soviel wie: einen Stand des Wesens festhalten, in dem einem weniger passierte; die sei's noch so oft enttäuschte Erwartung, solches unausrottbare Vertrauen werde belohnt. Wie ungewiß es darum bestellt ist, drückt Kracauers geistiges Dasein selbst noch aus. Die Fixierung an die Kindheit, als eine ans Spiel, hat bei ihm die Gestalt von einer an die Gutartigkeit der Dinge; vermutlich ist der Vorrang des Optischen bei ihm gar nicht das erste, sondern die Folge dieses Verhältnisses zur Dingwelt. Im Motivschatz seiner Gedanken dürfte man Aufbegehren wider die Verdinglichung vergebens suchen. Einem Bewußtsein, das argwöhnt, es sei von den Menschen verlassen, sind die Dinge das Bessere. An ihnen macht der Gedanke wieder gut, was die Menschen dem Lebendigen angetan haben. Der Stand der Unschuld wäre der der bedürftigen Dinge, der schäbigen, verachteten, ihrem Zweck entfremdeten; sie allein verkörpern dem Bewußtsein Kracauers, was anders wäre als der universale Funktionszusammenhang, und ihnen ihr unkenntliches Leben zu entlocken, wäre seine Idee von Philosophie. Das lateinische Wort für Ding heißt res. Davon ist Realismus abgeleitet. Kracauer hat seiner Filmtheorie den Untertitel ›The Redemption of Physical Reality‹ verliehen. Wahrhaft zu übersetzen wäre das: Die Rettung der physischen Realität. So wunderlich ist sein Realismus.

Engagement

Seit Sartres Essay ›Qu'est-ce que la littérature?‹ wird theoretisch weniger über engagierte und autonome Literatur gestritten. Aber die Kontroverse bleibt so dringlich, wie heute nur etwas sein kann, das den Geist betrifft und nicht das Überleben der Menschen unmittelbar. Sartre wurde zu seinem Manifest bewogen, weil er, gewiß nicht als erster, die Kunstwerke in einem Pantheon unverbindlicher Bildung nebeneinander aufgebahrt, zu Kulturgütern verwest sah. Durch ihre Koexistenz freveln sie aneinander. Will ein jegliches, ohne daß der Autor es wollen müßte, das Äußerste, so duldet eigentlich keines das nächste neben sich. Solche heilsame Intoleranz gilt aber nicht nur für die einzelnen Gebilde sondern auch für Typen wie jene bei den Verhaltensweisen der Kunst, auf welche die halbvergessene Kontroverse sich bezog. Es sind zwei »Stellungen zur Objektivität«; sie befehden sich, auch wenn das Geistesleben sie in falschem Frieden ausstellt. Das engagierte Kunstwerk entzaubert jenes, das nichts will denn da sein, als Fetisch, als müßige Spielerei solcher, welche die drohende Sintflut gern verschliefen; gar als höchst politisches Apolitisches. Es lenke ab vom Kampf der realen Interessen. Keinen mehr schone der Konflikt der beiden großen Blöcke. Von ihm hänge die Möglichkeit von Geist selber so sehr ab, daß nur Verblendung auf ein Recht poche, das morgen zerschlagen werden kann. Den autonomen Werken aber sind solche Erwägungen, und die Konzeption von Kunst, die sie trägt, selber schon die Katastrophe, vor der die engagierten den Geist warnen. Verzichte er auf Pflicht und Freiheit seiner reinen Objektivation, so habe er abgedankt. Was dann noch an Werken sich formiert, mache geschäftig jenem bloßen Dasein sich gleich, gegen das es eifert, so ephemer, wie umgekehrt den Engagierten das autonome Werk dünkt, das schon am ersten Tag in die Seminare gehöre, in denen es unvermeidlich ende. Die drohende Spitze der Antithese mahnt daran, wie fragwürdig es um Kunst heute bestellt ist. Jede der beiden Alternativen negiert mit der anderen auch sich selbst: engagierte Kunst, weil sie, als Kunst notwendig von der Realität abgesetzt, die Differenz von dieser durchstreicht; die des l'art pour l'art, weil sie durch ihre Verabsolutierung auch jene unauslöschliche Beziehung auf die Realität leugnet, die in der Verselbständigung von Kunst gegen das Reale als ihr polemisches Apriori enthalten ist. Zwischen den beiden Polen zergeht die Spannung, an der Kunst bis zum jüngsten Zeitalter ihr Leben hatte.

Zweifel an der Allmacht der Alternative indessen weckt die zeitgenössische Literatur selbst. Noch ist diese nicht so gänzlich vom Weltlauf unterjocht, als daß sie zur Frontenbildung sich schickte. Die Sartreschen Böcke, die Valéryschen Schafe lassen nicht sich scheiden. Engagement als solches, sei's auch politisch gemeint, bleibt politisch vieldeutig, solange es nicht auf eine Propaganda sich reduziert, deren willfährige Gestalt alles Engagement des Subjekts verhöhnt. Das Gegenteil aber, das im sowjetischen Lasterkatalog Formalismus lautet, wird nicht nur von den dortigen Amtswaltern und auch nicht nur vom libertären Existentialismus befochten: Mangel an Ärgernis, an gesellschaftlicher Aggressivität wird selbst von Avancierten den sogenannten abstrakten Texten leicht vorgeworfen. Umgekehrt hat Sartre für das Guernica-Bild das höchste Lob; in Musik und Malerei könnte er unschwer formalistischer Sympathien bezichtigt werden. Seinen Begriff des Engagements reserviert er der Literatur, ihres begrifflichen Wesens wegen: »Der Schriftsteller ... hat es mit Bedeutungen zu tun.«[1]) Sicherlich, aber nicht nur. Entledigt kein Wort, das in eine Dichtung eingeht, sich ganz der Bedeutungen, die es in der kommunikativen Rede besitzt, so bleibt doch in keiner, selbst im traditionellen Roman nicht, diese Bedeutung unverwandelt die gleiche, welche das Wort draußen hatte. Bereits das simple »war« in einem Bericht von etwas, das nicht war, gewinnt eine neue Gestaltqualität dadurch, daß es nicht war. Das setzt sich fort in den höheren Bedeutungsschichten einer Dichtung, bis hin zu dem, was einmal als ihre Idee galt. Die Sonderstellung, die Sartre der Literatur einräumt, muß auch der anzweifeln, welcher die Gattungen der Kunst nicht umstandslos unter deren allgemeinen Oberbegriff subsumiert. Die Rudimente der Bedeutungen von draußen in den Dichtungen sind das unabdingbar Nichtkünstlerische an der Kunst. Nicht aus ihnen ist ihr Formgesetz herauszulesen sondern aus der Dialektik beider Momente. Es waltet in dem, worein die Bedeutungen sich verwandeln. Die Unterscheidung von Dichter und Literat ist schal, aber der Gegenstand einer Philosophie der Kunst, wie auch Sartre sie visiert, ist nicht deren publizistischer Aspekt. Weniger noch das, wofür man im Deutschen den Terminus Aussage herbetet. Unleidlich vibriert er zwischen dem, was ein Künstler von seinem Produkt will, und dem Gebot eines objektiv sich aussagenden, metaphysischen Sinns. Im allgemeinen ist das hierzulande das ungemein praktikable Sein. Die soziale Funktion der Rede vom Engagement hat sich einigermaßen verwirrt. Wer kulturkonservativen Geistes vom Kunstwerk verlangt, daß es etwas sage, alliiert sich wider das zweckferne, hermetische Kunstwerk mit der politischen Gegenposition. Lobredner von Bindungen werden eher Sartres ›Huis clos‹ tief finden, als mit Geduld einen Text sich anhören, in dem

[1]) Jean-Paul Sartre, Was ist Literatur?, Hamburg 1960, S. 10.

die Sprache an der Bedeutung rüttelt und durch ihre Sinn-
ferne vorweg gegen die positive Unterstellung von Sinn
rebelliert, während für den Atheisten Sartre der begriffliche Sinn von Dichtung die Voraussetzung von Engagement bleibt. Werke, gegen die im Osten der Büttel ein-
schreitet, werden zuweilen von den Hütern der echten
Aussage demagogisch angeprangert, weil sie angeblich aussagen, was sie gar nicht aussagen. Der Haß gegen den von
den Nationalsozialisten schon während der Weimarer Republik so genannten Kulturbolschewismus hat die Zeit des
Hitler überlebt, in der er institutionalisiert wurde. Er ent-
flammt heute noch wie vor vierzig Jahren an Gebilden
des gleichen Wesens, darunter auch solchen, die mittlerweile ihrer Entstehung nach weit zurückliegen und deren
Zusammenhang mit traditionalen Momenten unverkennbar ist. In rechtsradikalen Zeitungen und Zeitschriften wird
wie eh und je Entrüstung angedreht über das, was unna-
türlich, überintellektuell, ungesund, dekadent sei; sie wissen, für wen sie schreiben. Das deckt sich mit den Einsichten der Sozialpsychologie in den autoritätsgebundenen
Charakter. Zu dessen Existentialien rechnet Konventiona-
lismus, Respekt für die versteinerte Fassade von Meinung
und Gesellschaft, Abwehr von Regungen, die daran irre-
machen oder im Unbewußten des Autoritätsgebundenen
etwas ihm Eigenes treffen, das er um keinen Preis sich zu-
gesteht. Mit dieser allem Fremden und Befremdenden
feindlichen Haltung ist literarischer Realismus jeglicher
Provenienz, nennte er sich auch kritisch oder sozialistisch,
viel vereinbarer als Gebilde, die, ohne auf politische Parolen sich vereidigen zu lassen, durch ihren bloßen Ansatz
das starre Koordinatensystem der Autoritätsgebundenen
außer Aktion setzen, an das jene um so verbissener sich
klammern, je weniger sie zu lebendiger Erfahrung eines
nicht schon Approbierten fähig sind. Das Begehren, Brecht

vom Spielplan abzusetzen, rechnet einer verhältnismäßig äußerlichen Schicht des politischen Bewußtseins zu; war wohl auch gar nicht sehr heftig, sonst hätte es nach dem 13. August weit krasser sich manifestiert. Wo dagegen der Gesellschaftsvertrag mit der Realität gekündigt wird, indem literarische Gebilde nicht länger reden, als meldeten sie von einem Wirklichen, sträuben sich die Haare. Es ist keine von den geringsten Schwächen der Debatte übers Engagement, daß sie nicht auch über die Wirkung reflektiert, welche von solchen Werken ausgeübt wird, deren eigenes Formgesetz auf Wirkungszusammenhänge keine Rücksicht nimmt. Solange man nicht versteht, was im Schock des Unverständlichen sich mitteilt, ähnelt der ganze Streit einem Schattenkampf. Konfusionen in der Beurteilung der Sache ändern zwar nichts an dieser, nötigen aber dazu, die Alternative zu durchdenken.

Theoretisch wären Engagement und Tendenz zu unterscheiden. Engagierte Kunst im prägnanten Sinn will nicht Maßnahmen, gesetzgeberische Akte, praktische Veranstaltungen herbeiführen wie ältere Tendenzstücke gegen die Syphilis, das Duell, den Abtreibungsparagraphen oder die Zwangserziehungsheime, sondern auf eine Haltung hinarbeiten: Sartre etwa auf die der Entscheidung als der Möglichkeit, überhaupt zu existieren, gegenüber zuschauerhafter Neutralität. Was aber das Engagement künstlerisch vorm tendenziösen Spruchband voraus hat, macht den Inhalt mehrdeutig, für den der Dichter sich engagiert. Die ursprünglich Kierkegaardsche Kategorie der Entscheidung übernimmt bei Sartre die Erbschaft des christlichen Wer nicht für mich ist, der ist wider mich, aber ohne den konkreten theologischen Inhalt. Übrig davon ist nur die abstrakte Autorität anbefohlener Wahl, gleichgültig dagegen, daß deren eigene Möglichkeit abhängt von dem zu Wählenden. Die vorgezeichnete Form der Alternative, in der Sartre die

Unverlierbarkeit von Freiheit beweisen will, hebt diese auf. Innerhalb des real Prädeterminierten mißrät sie zur leeren Behauptung: Herbert Marcuse hat den Nonsens des Philosophems beim Namen genannt, daß man noch die Marter innerlich annehmen oder ablehnen könne. Eben das aber soll aus Sartres dramatischen Situationen herausspringen. Sie taugen darum so schlecht als Modelle seines eigenen Existentialismus, weil sie in sich, der Wahrheit zu Ehren, die ganze verwaltete Welt enthalten, die jener ignoriert; lernen läßt sich an ihnen die Unfreiheit. Sein Ideentheater sabotiert, wofür er die Kategorien erdachte. Das aber ist keine individuelle Unzulänglichkeit seiner Stücke. Kunst heißt nicht: Alternativen pointieren, sondern, durch nichts anderes als ihre Gestalt, dem Weltlauf widerstehen, der den Menschen immerzu die Pistole auf die Brust setzt. Sobald jedoch die engagierten Kunstwerke Entscheidungen veranstalten und zu ihrem Maß erheben, geraten diese auswechselbar. Sartre hat, als Konsequenz jener Vieldeutigkeit, mit großer Offenheit ausgesprochen, daß er keine reale Veränderung der Welt durch die Literatur erwarte; seine Skepsis bezeugt geschichtliche Veränderungen der Gesellschaft wie der praktischen Funktion von Literatur seit Voltaire. Das Engagement rutscht in die Gesinnung des Schriftstellers, dem extremen Subjektivismus von Sartres Philosophie gemäß, in der trotz aller materialistischen Untertöne die deutsche Spekulation nachhallt. Ihm wird das Kunstwerk zum Aufruf von Subjekten, weil es nichts ist als Kundgabe des Subjekts, seiner Entscheidung oder Nichtentscheidung. Er will nicht Wort haben, daß jedes Kunstwerk durch seinen puren Ansatz den Schreibenden, sei er noch so frei, auch mit objektiven Anforderungen konfrontiert, wie es zu fügen sei. Ihnen gegenüber sinkt seine Intention zum bloßen Moment herab. Sartres Frage »Warum schreiben?«, und ihre Zurückführung auf eine »tiefere

Wahl«, ist darum untriftig, weil fürs Geschriebene, das literarische Produkt, die Motivationen des Autors irrelevant sind. Dem ist Sartre nicht so fern, soweit er erwägt, daß der Rang der Werke, wie schon Hegel wußte, steigt, je weniger sie in der empirischen Person verhaftet bleiben, die sie hervorbringt. Nennt er, in der Sprache Durkheims, das literarische Werk ein fait social, so zitiert er damit ungewollt den Gedanken an dessen von der bloßen subjektiven Intention des Verfassers undurchdringliche, zuinnerst kollektive Objektivität. Darum möchte er das Engagement nicht an jene Intention des Schriftstellers binden sondern an sein Menschsein[2]). Diese Bestimmung aber ist so generell, daß das Engagement jegliche Differenz von irgendwelchen menschlichen Werken und Verhaltensweisen einbüßt. Es handelt sich darum, daß der Schriftsteller sich in der Gegenwart, dans le présent, engagiere; dem aber kann er ohnehin nicht entrinnen, und darum ist kein Programm herauszulesen. Die Verpflichtung, die der Schriftsteller eingeht, ist weit präziser: keine des Entschlusses sondern eine der Sache. Während Sartre von Dialektik redet, registriert sein Subjektivismus so wenig das bestimmte Andere, zu dem das Subjekt sich entäußerte und durch das es überhaupt erst zum Subjekt wird, daß ihm jegliche literarische Objektivation als Erstarrung verdächtig ist. Weil aber die reine Unmittelbarkeit und Spontaneität, die er zu erretten hofft, an keinem ihr Entgegengesetzten sich bestimmt, verkommt sie zu einer zweiten Verdinglichung. Um Drama und Roman über die bloße Kundgabe – ihr Urbild wäre bei ihm der Schrei des Gefolterten – hinauszubringen, muß er Sukkurs suchen bei einer planen, der Dialektik von Gebilde und Ausdruck entzogenen Objektivität, der Mitteilung seiner eigenen Philosophie. Sie wirft sich zum Gehalt der Dichtung auf wie nur

[2]) parce qu'il est homme, Situations, II, Paris 1948, p. 51.

bei Schiller; nach dem Maß des Gedichteten aber ist das Mitgeteilte, und wäre es noch so sublim, kaum mehr als ein Stoff. Sartres Stücke sind Vehikel dessen, was der Autor sagen will, zurückgeblieben hinter der Evolution der ästhetischen Formen. Sie operieren mit traditioneller Intrige und überhöhen diese mit ungebrochenem Gottvertrauen in Bedeutungen, die von der Kunst auf die Realität zu übertragen wären. Die bebilderten oder womöglich ausgesprochenen Thesen jedoch mißbrauchen die Regung, deren Ausdruck Sartres eigene Dramatik motiviert, als Beispiel, und desavouieren damit sich selbst. Fällt am Schluß eines seiner berühmtesten Stücke der Satz: »die Hölle, das sind die anderen«[3]), so klingt das wie ein Zitat aus ›L'être et le néant‹; übrigens könnte es ebensogut: »Die Hölle, das sind wir selbst« heißen. Die Komplexion von handfestem plot und ebenso handfester, destillierbarer Idee trug Sartre den großen Erfolg zu und machte ihn, ganz gewiß gegen seinen integren Willen, der Kulturindustrie akzeptabel. Die hohe Abstraktionsebene des Thesenstücks verleitete ihn dazu, einige seiner besten Arbeiten, den Film ›Les jeux sont fait‹ oder das Drama ›Les mains sales‹, in der politischen Prominenz spielen zu lassen und nicht nur unter den Opfern im Dunkeln: ganz ähnlich jedoch verwechselt die gängige, Sartre verhaßte Ideologie Taten und Leiden der Führer-Schnittmuster mit dem objektiven Zug der Geschichte. Mitgewoben wird an dem Schleier der Personalisierung, daß verfügende Menschen entscheiden, nicht die anonyme Maschinerie, und daß auf den sozialen Kommandohöhen noch Leben sei; Becketts Krepierende erteilen darauf den Bescheid. Sartres Ansatz verhindert ihn daran, die Hölle zu erkennen, gegen die er revoltiert. Manche seiner Parolen könnten von seinen Todfeinden nachgeplappert werden.

[3]) Jean-Paul Sartre, Bei geschlossenen Türen, in: Dramen, Hamburg 1960, S. 97.

Daß es um Entscheidung an sich gehe, würde sogar das nationalsozialistische »Nur das Opfer macht uns frei« decken; im faschistischen Italien hat Gentiles absoluter Dynamismus auch philosophisch Verwandtes verkündet. Die Schwäche in der Konzeption des Engagements befällt, wofür Sartre sich engagiert.

Auch Brecht, der in manchen Stücken, wie der Dramatisierung von Gorkis ›Mutter‹ oder der ›Maßnahme‹, unmittelbar die Partei verherrlicht, wollte zuzeiten, mindestens den theoretischen Schriften nach, vorab zu einer Haltung erziehen, der distanzierten, denkenden, experimentierenden, dem Widerpart der illusionären von Einfühlung und Identifikation. Im Hang zur Abstraktheit übertrumpft seine Dramatik seit der ›Johanna‹ Sartre beträchtlich. Nur hat er sie, konsequenter als dieser und der größere Künstler, selber zum Formgesetz erhoben, zu dem einer didaktischen Poesie, die den traditionellen Begriff der dramatischen Person ausschaltet. Er sah ein, daß die Oberfläche gesellschaftlichen Lebens, die Konsumsphäre, zu der auch die psychologisch motivierten Aktionen der Individuen hinzurechnen, das Wesen der Gesellschaft verhüllt. Als Tauschgesetz ist es selber abstrakt. Brecht mißtraut der ästhetischen Individuation als einer Ideologie. Darum will er das gesellschaftliche Unwesen zur theatralischen Erscheinung verhalten, indem er es kahl nach außen zerrt. Die Menschen auf der Bühne schrumpfen sichtbar zusammen zu jenen Agenten sozialer Prozesse und Funktionen, die sie mittelbar, ohne es zu ahnen, in der Empirie sind. Brecht postuliert nicht länger, wie Sartre, Identität zwischen den lebendigen Individuen und dem gesellschaftlichen Wesen, oder gar die absolute Souveränität des Subjekts. Aber der ästhetische Reduktionsprozeß, den er der politischen Wahrheit zuliebe anstellt, fährt dieser in die Parade. Sie bedarf ungezählter Vermittlungen, die er verschmäht. Was artistisch als verfremdender Infantilismus sich legitimiert – die ersten Stücke Brechts hielten Kompanie mit Dada –, wird zur Infantilität, sobald es theoretisch-gesellschaftliche Gültigkeit beansprucht. Brecht wollte im Bild das Ansichsein des Kapitalismus treffen; seine Absicht war insofern tatsächlich, als was er gegen den Stalinistischen Terror sie tarnte, realistisch. Abgelehnt hätte er, jenes Wesen, gleichsam bilderlos und blind, bedeutungsfern durch seine Manifestation im beschädigten Leben zu zitieren. Das bürdete ihm aber die Verpflichtung zur theoretischen Richtigkeit des eindeutig Intendierten auf, wofern seine Kunst das quid pro quo verschmäht, sie, die sich als Lehre vorträgt, sei gleichzeitig um ihrer ästhetischen Gestalt willen von der Verbindlichkeit dessen dispensiert, was sie lehrt. Kritik an ihm kann nicht verschweigen, daß er – aus objektiven Gründen jenseits der Zulänglichkeit des von ihm Gestalteten – die Norm nicht erfüllte, die er, als wäre sie ein Rettendes, über sich aufgerichtet hatte. ›Die heilige Johanna der Schlachthöfe‹ war die zentrale Konzeption seines dialektischen Theaters; noch ›Der gute Mensch von Sezuan‹ variierte sie durch die Umkehrung, daß, wie Johanna durch die Unmittelbarkeit der Güte dem Bösen hilft, so, wer das Gute will, sich böse machen muß. Das Stück spielt in einem Chicago, das die Mitte hält zwischen dem Wild-West-Märchen des Kapitalismus aus Mahagonny und ökonomischer Information. Je näher Brecht indessen mit dieser sich einläßt, je weniger er auf eine imagerie es abgesehen hat, desto weiter verfehlt er das kapitalistische Wesen, dem die Parabel gilt. Vorgänge in der Sphäre der Zirkulation, in der Konkurrenten sich gegenseitig die Hälse abschneiden, treten anstelle der Appropriation des Mehrwerts in der Produktionssphäre, der gegenüber die Raufereien der Großviehhändler um ihren Anteil an der Beute Epiphänomene sind, die unmöglich von sich aus die große Krise verursachen könnten; und die ökonomischen Vorgänge, welche als Machinationen raffgieriger Händler erscheinen, sind nicht nur, wie Brecht es wohl möchte, kindisch, sondern auch nach jeglicher sei's noch so primitiven wirtschaftlichen Logik unverständlich. Dem entspricht auf der Gegenseite eine politische Naivetät, welche den von Brecht Bekämpften nur zu dem Grinsen verhülfe, von so törichten Feinden hätten sie nichts zu fürchten; sie könnten mit Brecht ebenso zufrieden sein, wie sie es in seinem Stück mit der sterbenden Johanna in der höchst eindrucksvollen Schlußszene sind. Daß eine Streikleitung, hinter der die Partei steht, eine nicht zur Organisation Gehörige mit einer entscheidenden Aufgabe betraut, ist, auch bei größter Weitherzigkeit in der Interpretation des poetisch Glaubwürdigen, ebenso undenkbar wie, daß durch das Versagen jener Einzelnen der gesamte Streik scheitert. – Die Komödie vom aufhaltsamen Aufstieg des großen Diktators Arturo Ui rückt das subjektiv Nichtige und Scheinhafte des faschistischen Führers grell und richtig ins Licht. Die Demontage der Führer jedoch, wie durchweg bei Brecht die des Individuums, wird verlängert in die Konstruktion der gesellschaftlichen und wirtschaftlichen Zusammenhänge hinein, in denen der Diktator agiert. Anstelle der Konspiration hochmögender Verfügender tritt eine läppische Gangsterorganisation, der Karfioltrust. Das wahre Grauen des Faschismus wird eskamotiert; er ist nicht länger ausgebrütet von der Konzentration gesellschaftlicher Macht, sondern zufällig wie Unglücksfälle und Verbrechen. So verordnet es der agitatorische Zweck; der Gegner muß verkleinert werden, und das fördert die falsche Politik, wie in der Literatur so auch in der Praxis vor 1933. Die Lächerlichkeit, der Ui überantwortet wird, bricht wider alle Dialektik dem Faschismus die Zähne aus, den Dezennien vorher Jack London exakt vorausgesagt hatte. Der antiideologische Dichter bereitet die Degradation der eigenen Lehre zur Ideologie vor. Die stillschweigend akzeptierte Beteuerung, daß auf ihrer einen Seite die Welt nicht länger antagonistisch sei, wird ergänzt vom Spaß über alles, was die Theodizee des gegenwärtigen Zustands Lügen straft. Nicht daß, aus Respekt vor welthistorischer Größe, das Lachen über den Anstreicher verboten wäre, obwohl das Wort Anstreicher gegen Hitler aufs bürgerliche Klassenbewußtsein peinlich spekuliert. Und das Gremium, welches die Machtübernahme inszenierte, war gewiß eine Bande. Aber solche Wahlverwandtschaft ist nicht exterritorial, sondern wurzelt in der Sozietät selbst. Daher ist der Spaß des Faschismus, den auch Chaplins Film registrierte, unmittelbar zugleich das äußerste Entsetzen. Wird das unterschlagen, wird über die armseligen Ausbeuter von Gemüsehändlern gespottet, wo es um wirtschaftliche Schlüsselpositionen geht, so verpufft der Angriff. Auch der ›Große Diktator‹ verliert die satirische Kraft und frevelt in der Szene, wo ein jüdisches Mädchen SA-Männern der Reihe nach eine Pfanne auf den Kopf haut, ohne daß es in Stücke zerrissen würde. Dem politischen Engagement zuliebe wird die politische Realität zu leicht gewogen: das mindert auch die politische Wirkung. Sartres freimütiger Zweifel, ob das Guernica-Bild »einen einzigen für die spanische Sache gewonnen« habe, gilt sicherlich auch für das Brechtische Lehrstück. Das herausoperierte fabula docet – daß es in der Welt ungerecht zugeht – brauchte man kaum irgend jemand zu lehren; die dialektische Theorie, zu der Brecht summarisch sich bekannte, hat darin wenig Spuren hinterlassen. Der Habitus des Lehrstücks mahnt an die amerikanische Redewendung preaching to the saved, denen predigen, deren Seelen ohnehin gerettet sind. In Wahrheit wird der von Brecht gemeinte Primat der Lehre über die reine Form zu deren eigenem Moment. Indem sie suspendiert wird, wendet sie sich wider ihren Scheincharakter. Ihre Selbstkritik ist verwandt der Sachlichkeit im Bereich der angewandten visuellen Kunst. Die heteronom bedingte Berichtigung der Form, die Tilgung des Ornamentalen der Zweckmäßigkeit zuliebe, wächst ihrer Autonomie zu. Das ist die Substanz von Brechts Dichterschaft: das Lehrstück als artistisches Prinzip. Sein Medium, die Verfremdung unmittelbar erscheinender Vorgänge, ist denn auch eher eines der Formkonstitution, als daß es zur praktischen Wirkung beitrüge. Zwar sprach Brecht von dieser nicht so skeptisch wie Sartre. Aber der Kluge und Welterfahrene war schwerlich von ihr ganz überzeugt; souverän schrieb er einmal, wenn er sich nichts vormache, sei ihm schließlich doch das Theater wichtiger als jene Veränderung der Welt, der es bei ihm dienen soll. Durchs artistische Prinzip der Simplifikation aber wird nicht bloß, wie es ihm vorschwebte, die reale Politik von den Scheindifferenzierungen im subjektiven Reflex des gesellschaftlich Objektiven gereinigt, sondern eben jenes Objektive verfälscht, um dessen Destillation das Lehrstück sich bemüht. Nimmt man Brecht beim Wort; macht man die Politik zum Kriterium seines engagierten Theaters, so erweist es an dieser sich als unwahr. Hegels Logik hat gelehrt, daß das Wesen erscheinen muß. Dann ist aber eine Darstellung des Wesens, welche dessen Verhältnis zur Erscheinung ignoriert, auch an sich so falsch, wie die Substitution der Hintermänner des Faschismus durchs Lumpenproletariat. Brechts Technik der Reduktion hätte ihr Recht einzig im Bereich jenes l'art pourt l'art, welches seine Version des Engagements verurteilt wie den Lukullus.

Im gegenwärtigen literarischen Deutschland trennt man gern den Dichter Brecht vom Politiker. Man will die bedeutende Figur für den Westen retten, womöglich ihn aufs Postament eines gesamtdeutschen Dichters stellen und dadurch, au-dessus de la mêlée, ihn neutralisieren. Sicherlich ist soviel richtig, daß Brechts dichterische Kraft ebenso wie seine listige und unbezähmbare Intelligenz übers offizielle Credo und über die verordnete Ästhetik der Volksdemokratien hinausschossen. Gleichwohl wäre Brecht gegen solche Verteidigung zu verteidigen. Sein Werk hätte, mit seinen offen zutage liegenden Schwächen, nicht solche Gewalt, wäre es nicht mit Politik durchtränkt. Das erzeugt noch in den fragwürdigsten Produkten, wie der ›Maßnahme‹, das Bewußtsein, es gehe ums Ernsteste. Soweit hat er seinem Anspruch, durchs Theater zum Denken zu veranlassen, genügt. Vergeblich, die vorhandenen oder fiktiven Schönheiten seines Werkes von der politischen Intention abzuheben. Wohl aber müßte immanente Kritik, die allein dialektische, die Frage nach der Stichhaltigkeit der Gebilde mit der nach seiner Politik synthesieren. In Sartres Kapitel ›Warum schreiben?‹ heißt es mit großem Recht: »Niemand aber sollte auch nur einen Moment glauben, man könnte einen guten Roman zum Lob des Antisemitismus schreiben.«[4]) Aber auch keinen zum Lob der Moskauer Prozesse, selbst wenn es früher gespendet ward, als Stalin Sinowjew und Bucharin ermorden ließ. Die politische Unwahrheit befleckt die ästhetische Gestalt. Wo, dem thema probandum zuliebe, die gesellschaftliche Problematik zurechtgebogen wird, die Brecht auf dem epischen Theater diskutiert, zerbröckelt das Drama in seinem eigenen Begründungszusammenhang. Die ›Mutter Courage‹ ist eine Bilderfibel, welche den Montecuculischen Satz ad absurdum führen will, daß der Krieg den Krieg ernähre. Die Marketenderin, die den Krieg benutzt, um ihre Kinder durchzubringen, soll eben dadurch deren Untergang verschulden. Aber diese Schuld folgt in dem Stück weder zwingend aus der Kriegssituation

[4]) Sartre, Was ist Literatur?, a.a.O., S. 41.

noch aus dem Verhalten der kleinen Unternehmerin; wäre sie nur nicht gerade im kritischen Augenblick abwesend, so geschähe das Unheil nicht, und daß sie abwesend sein muß, um etwas zu verdienen, bleibt gegenüber dem, was sich abspielt, ganz allgemein. Die Bilderbogentechnik, welche Brecht für die Sinnfälligkeit der These benötigt, verhindert deren Beweis. Eine politisch-soziale Analyse, wie Marx und Engels sie gegen das Sickingen-Drama von Lassalle entwarfen, ergäbe, daß durch die simplistische Gleichsetzung des Dreißigjährigen Krieges mit einem modernen durchstrichen würde, was tatsächlich über Verhalten und Schicksal der Mutter Courage in der Grimmelshausenschen Vorlage entscheidet. Weil die Gesellschaft des Dreißigjährigen Krieges nicht die funktionale des modernen ist, kann dort auch poetisch kein geschlossener Funktionszusammenhang stipuliert werden, in dem Leben und Tod der privaten Individuen ohne weiteres durchsichtig würden aufs ökonomische Gesetz. Gleichwohl bedarf Brecht der altertümlich wilden Zeiten als Gleichnis für die gegenwärtigen, denn gerade er gab sich genaue Rechenschaft darüber, daß die Gesellschaft seines eigenen Zeitalters nicht länger an Menschen und Sachen unmittelbar greifbar ist. So verleitet die Konstruktion der Gesellschaft erst zur gesellschaftlichen Fehlkonstruktion und dann zum dramatisch Unmotivierten. Politisch Schlechtes wird ein künstlerisch Schlechtes und umgekehrt. Je weniger aber die Werke etwas verkünden müssen, was sie nicht ganz sich glauben können, um so stimmiger werden sie auch selber; desto weniger brauchen sie ein Surplus dessen, was sie sagen, über das, was sie sind. Übrigens dürften die wahren Interessenten in allen Lagern auch heute noch die Kriege ganz gut überstehen.

Derlei Aporien reproduzieren sich bis in die dichterische Fiber hinein, den Brechtischen Ton. So wenig Zweifel ist an diesem und seinem Unverwechselbaren – Qualitäten, auf die der reife Brecht wenig Wert gelegt haben mag –, er wird vergiftet von der Unwahrheit seiner Politik. Weil, wofür er wirbt, nicht, wie er lange wohl glaubte, bloß ein unvollkommener Sozialismus ist, sondern eine Gewaltherrschaft, in der die blinde Irrationalität des gesellschaftlichen Kräftespiels wiederkehrt, der Brecht als Lobredner von Einverständnis an sich beisprang, muß die lyrische Stimme Kreide schlucken, damit sie dich besser fressen kann, und sie knirscht. Schon die pubertär sich überschlagende Männlichkeit des jungen Brecht verrät gekauften Mut des Intellektuellen, der aus Verzweiflung an der Gewalt kurzschlüssig zu der gewaltsamen Praxis überläuft, vor der sich zu fürchten er allen Anlaß hat. Das wilde Gebrüll der ›Maßnahme‹ überschreit das Unheil, das der Sache widerfuhr und das er krampfhaft als Heil ausgeben möchte. Noch Brechts bester Teil wird vom Trügerischen seines Engagements angesteckt. Die Sprache bezeugt, wie weit das tragende poetische Subjekt und das von ihm Verkündete auseinanderklaffen. Um über den Bruch hinwegzukommen, affektiert sie die der Unterdrückten. Aber die Doktrin, für die sie wirbt, verlangt die des Intellektuellen. Ihre Schlichtheit und Simplizität ist Fiktion. Sie verrät sich ebenso durch Male von Übertreibung wie durch stilisierenden Rückgriff auf veraltete oder provinzielle Ausdruckscharaktere. Nicht selten biedert sie sich an; Ohren, welche sich nicht die eigene Differenziertheit austreiben lassen, müssen hören, daß man ihnen etwas aufschwatzen will. Usurpation und wie Hohn auf die Opfer ist es, zu reden wie diese, als ob man selber eines wäre. Alles ist erlaubt zu spielen, nur nicht den Proletarier. Am schwersten fällt wider das Engagement ins Gewicht, daß selbst die richtige Absicht verstimmt, wenn man sie merkt, und mehr noch, wenn sie eben darum sich maskiert. Etwas davon reicht beim späteren Brecht in den sprachlichen Gestus von Weisheit, die Fiktion des von epischer Erfahrung gesättigten alten Bauern als poetischen Subjekts. Kein Mensch in keinem Staat der Welt ist solcher körnigen Erfahrung süddeutscher Muschiks mehr mächtig; der bedächtige Klang wird zum Propagandamittel, das vortäuschen soll, dort sei das Leben das richtige, wo die Rote Armee einmal die Verwaltung übernahm. Weil es wahrhaft nichts gibt, woran jene Humanität sich halten kann, die doch als verwirklichte erschlichen wird, macht Brechts Ton sich zum Echo archaischer gesellschaftlicher Verhältnisse, die unwiederbringlich dahin sind. Der späte Brecht war von offizieller Humanität gar nicht so entfernt; den ›Kaukasischen Kreidekreis‹ könnte ein journalistischer Abendländer recht wohl als Hohelied der Mütterlichkeit preisen, und wem ginge nicht das Herz auf, wenn die prächtige Magd der von Migräne geplagten Dame als Exempel vorgehalten wird. Baudelaire, der sein Werk dem widmete, der die Formel l'art pour l'art prägte, wäre zu solcher Katharsis weniger geeignet. Selbst so groß geplante und virtuose Gedichte wie die ›Legende von der Entstehung des Buches Taoteking auf dem Weg des Laotse in die Emigration‹ werden getrübt von der Theatralik vollkommener Schlichtheit. Was seine Klassiker noch als Idiotie des Landlebens denunzierten, das verstümmelte Bewußtsein Darbender und Unterdrückter, wird ihm wie einem Existentialontologen zum alten Wahren. Sein gesamtes œuvre ist eine Sisyphusanstrengung, seinen hochgezüchteten und differenzierten Geschmack mit den tölpelhaft heteronomen Anforderungen irgend auszugleichen, die er desperat sich zumutete.

Den Satz, nach Auschwitz noch Lyrik zu schreiben, sei barbarisch, möchte ich nicht mildern; negativ ist darin der Impuls ausgesprochen, der die engagierte Dichtung beseelt. Die Frage einer Person aus ›Morts sans sépulture‹: »Hat es einen Sinn zu leben, wenn es Menschen gibt, die schla-

gen, bis die Knochen im Leib zerbrechen?« ist auch die, ob
Kunst überhaupt noch sein dürfe; ob nicht geistige Regression im Begriff engagierter Literatur anbefohlen wird von
der Regression der Gesellschaft selber. Aber wahr bleibt
auch Enzensbergers Entgegnung, die Dichtung müsse eben
diesem Verdikt standhalten, so also sein, daß sie nicht
durch ihre bloße Existenz nach Auschwitz dem Zynismus
sich überantworte. Ihre eigene Situation ist paradox, nicht
erst, wie man zu ihr sich verhält. Das Übermaß an realem
Leiden duldet kein Vergessen; Pascals theologisches Wort
»One ne doit plus dormir« ist zu säkularisieren. Aber jenes
Leiden, nach Hegels Wort das Bewußtsein von Nöten, erheischt auch die Fortdauer von Kunst, die es verbietet; kaum
wo anders findet das Leiden noch seine eigene Stimme,
den Trost, der es nicht sogleich verriete. Die bedeutendsten
Künstler der Epoche sind dem gefolgt. Der kompromiß-
lose Radikalismus ihrer Werke, gerade die als formalistisch verfemten Momente, verleiht ihnen die schreckhafte
Kraft, welche hilflosen Gedichten auf die Opfer abgeht.
Aber selbst der ›Überlebende von Warschau‹ bleibt in
der Aporie gefangen, der er, autonome Gestaltung der
zur Hölle gesteigerten Heteronomie, rückhaltlos sich ausliefert. Ein Peinliches gesellt sich der Komposition Schönbergs. Keineswegs das, woran man in Deutschland sich
ärgert, weil es nicht zu verdrängen erlaubt, was man um
jeden Preis verdrängen möchte. Aber indem es, trotz aller
Härte und Unversöhnlichkeit, zum Bild gemacht wird, ist
es doch, als ob die Scham vor den Opfern verletzt wäre.
Aus diesen wird etwas bereitet, Kunstwerke, der Welt zum
Fraß vorgeworfen, die sie umbrachte. Die sogenannte
künstlerische Gestaltung des nackten körperlichen Schmerzes der mit Gewehrkolben Niedergeknüppelten enthält,
sei's noch so entfernt, das Potential, Genuß herauszupres-
sen. Die Moral, die der Kunst gebietet, es keine Sekunde

zu vergessen, schliddert in den Abgrund ihres Gegenteils. Durchs ästhetische Stilisationsprinzip, und gar das feierliche Gebet des Chors, erscheint das unausdenkliche Schicksal doch, als hätte es irgend Sinn gehabt; es wird verklärt, etwas von dem Grauen weggenommen; damit allein schon widerfährt den Opfern Unrecht, während doch vor der Gerechtigkeit keine Kunst standhielte, die ihnen ausweicht. Noch der Laut der Verzweiflung entrichtet seinen Zoll an die verruchte Affirmation. Werke geringeren Ranges als jene obersten werden denn auch bereitwillig geschluckt, ein Stück Aufarbeitung der Vergangenheit. Indem noch der Völkermord in engagierter Literatur zum Kulturbesitz wird, fällt es leichter, weiter mitzuspielen in der Kultur, die den Mord gebar. Untrüglich fast ist ein Kennzeichen solcher Literatur: daß sie, absichtlich oder nicht, durchblicken läßt, selbst in den sogenannten extremen Situationen, und gerade in ihnen, blühe das Menschliche; zuweilen wird daraus eine trübe Metaphysik, welche das zur Grenzsituation zurechtgestutzte Grauen womöglich insofern bejaht, als die Eigentlichkeit des Menschen dort erscheine. Im anheimelnden existentiellen Klima verschwimmt der Unterschied von Henkern und Opfern, weil beide doch gleichermaßen in die Möglichkeit des Nichts hinausgehalten seien, die freilich im allgemeinen den Henkern bekömmlicher ist.

Die Anhänger jener Metaphysik, die unterdessen zum bloßen Gesinnungspaß verkam, wettern wie vor 1933 gegen die Verhäßlichung, Entstellung, künstlerische Perversion des Lebens, als hätten die Autoren schuld an dem, wogegen sie sich aufbäumen, indem, was sie schreiben, jenem Äußersten sich gleichmacht. Der unter den deutschen Stillen im Land immer noch grassierenden Denkgewohnheit erteilt den besten Bescheid eine Geschichte über Picasso. Als ihn ein deutscher Besatzungsoffizier in seinem Atelier besuchte und vorm Guernica-Bild fragte: »Haben Sie das gemacht?«, soll er geantwortet haben: »Nein, Sie.« Auch autonome Kunstwerke wie dies Bild negieren bestimmt die empirische Realität, zerstören die zerstörende, das, was bloß ist, und als bloßes Dasein die Schuld endlos wiederholt. Kein anderer als Sartre hat den Zusammenhang zwischen der Autonomie des Werkes und einem Wollen erkannt, das nicht dem Werk eingelegt ist, sondern sein eigener Gestus der Wirklichkeit gegenüber. »Das Kunstwerk« schreibt er, »hat keinen Zweck, darin stimmen wir mit Kant überein. Es *ist* aber ein Zweck. Kants Formulierung läßt den Appell außer acht, der aus jedem Bild, aus jeder Statue, aus jedem Buch spricht.«[5]) Dem wäre nur hinzuzufügen, daß dieser Appell in keinem ungebrochenen Verhältnis steht zum thematischen Engagement der Dichtung. Die rücksichtslose Autonomie der Werke, die der Anpassung an den Markt und dem Verschleiß sich entzieht, wird unwillkürlich zum Angriff. Der ist aber nicht abstrakt, keine invariante Verhaltensweise aller Kunstwerke zu der Welt, die es ihnen nicht verzeiht, daß sie ihr nicht gänzlich sich fügen. Sondern die Distanzierung der Werke von der empirischen Realität ist zugleich in sich selbst durch diese vermittelt. Die Phantasie des Künstlers ist keine creatio ex nihilo; nur Dilettanten und Feinsinnige stellen sie so sich vor. Indem die Kunstwerke der Empirie sich entgegensetzen, gehorchen sie deren Kräften, die gleichsam das geistige Gebilde abstoßen, es auf sich selbst zurückwerfen. Kein Sachgehalt, keine Formkategorie einer Dichtung, die nicht, wie immer auch unkenntlich abgewandelt und sich selbst verborgen, aus der empirischen Realität stammte, der es sich entringt. Dadurch, wie durch die Umgruppierung der Momente kraft ihres Formgesetzes, verhält sich die Dichtung zur Rea-

[5]) a.a.O., S. 31.

lität. Noch die avantgardistische Abstraktheit, über die der Spießbürger sich entrüstet und die nichts gemein hat mit der von Begriffen und Gedanken, ist der Reflex auf die Abstraktheit des Gesetzes, das objektiv in der Gesellschaft waltet. Das wäre an den Dichtungen Becketts zu zeigen. Sie genießen den heute einzig menschenwürdigen Ruhm: alle schaudern davor zurück, und doch kann keiner sich ausreden, daß die exzentrischen Stücke und Romane von dem handeln, was alle wissen und keiner Wort haben will. Philosophischen Apologeten mag sein œuvre als anthropologischer Entwurf behagen. Aber es gilt höchst konkreten geschichtlichen Sachverhalten: der Abdankung des Subjekts. Becketts Ecce homo ist, was aus den Menschen wurde. Gleichwie mit Augen, denen die Tränen versiegt sind, stumm blicken sie aus seinen Sätzen. Der Bann, den sie verbreiten und unter dem sie stehen, löst sich, indem er in ihnen sich spiegelt. Das minimale Glücksversprechen darin freilich, das an keinen Trost sich verschachert, war um keinen geringeren Preis zu erlangen als den der vollkommenen Durcharartikulation bis zur Weltlosigkeit. Jedes Engagement für die Welt muß gekündigt sein, damit der Idee eines engagierten Kunstwerks genügt werde, der polemischen Verfremdung, die der Theoretiker Brecht dachte und die er um so weniger praktizierte, je geselliger er dem Menschlichen sich verschrieb. Dies Paradoxon, das den Einwand des Erklügelten provoziert, stützt sich, ohne viel Philosophie, auf die einfachste Erfahrung: Kafkas Prosa, Becketts Stücke oder der wahrhaft ungeheuerliche Roman ›Der Namenlose‹ üben eine Wirkung aus, der gegenüber die offiziell engagierten Dichtungen wie Kinderspiel sich ausnehmen; sie erregen die Angst, welche der Existentialismus nur beredet. Als Demontagen des Scheins sprengen sie die Kunst von innen her, welche das proklamierte Engagement von außen, und darum nur zum Schein, unterjocht. Ihr

Unausweichliches nötigt zu jener Änderung der Verhaltensweise, welche die engagierten Werke bloß verlangen. Wen
einmal Kafkas Räder überfuhren, dem ist der Friede mit
der Welt ebenso verloren wie die Möglichkeit, bei dem
Urteil sich zu bescheiden, der Weltlauf sei schlecht: das be-
stätigende Moment ist weggeätzt, das der resignierten
Feststellung von der Übermacht des Bösen innewohnt. Je
größer allerdings der Anspruch, desto größer die Chance
des Absinkens und Mißlingens. Was in Malerei und Musik an den von gegenständlicher Abbildlichkeit und faßli-
chem Sinnzusammenhang sich entfernenden Gebilden als
Spannungsverlust beobachtet wurde, teilt vielfach auch
der nach abscheulichem Sprachgebrauch Texte genannten
Literatur sich mit. Sie gerät an den Rand von Gleichgültigkeit, degeneriert unvermerkt zur Bastelei, zum in anderen Kunstgattungen durchschauten Wiederholungsspiel mit
Formeln, zum Tapetenmuster. Das leiht oft der groben Forderung nach dem Engagement ihr Recht. Gebilde, welche
die verlogene Positivität von Sinn herausfordern, münden
leicht in Sinnleere anderer Art, die positivistische Veranstaltung, das eitle Herumwürfeln mit Elementen. Dadurch
verfallen sie der Sphäre, von der sie sich abstoßen; Grenz-
fall ist eine Literatur, die undialektisch mit Wissenschaft
sich verwechselt und vergebens der Kybernetik gleichschal-
tet. Die Extreme berühren sich: was die letzte Kommunikation durchschneidet, wird zur Beute der Kommunikations-
theorie. Kein festes Kriterium zieht die Grenze zwischen
der bestimmten Negation des Sinnes und der schlechten
Positivität des Sinnlosen als eines beflissenen Weiterma-
chens um seiner selbst willen. Am letzten wäre eine solche
Grenze die Anrufung des Menschlichen und der Fluch
gegen die Mechanisierung. Die Kunstwerke, welche durch
ihre Existenz die Partei der Opfer naturbeherrschender
Rationalität ergreifen, waren im Protest stets auch der ei-

genen Beschaffenheit nach in den Rationalisierungsprozeß verflochten. Wollten sie ihn verleugnen, so wären sie ästhetisch und sozial gleich unkräftig: höhere Scholle. Das organisierende, Einheit stiftende Prinzip eines jeden Kunstwerks ist eben der Rationalität entlehnt, deren Totalitätsanspruch es Einhalt tun möchte.

In der Geschichte des französischen und deutschen Bewußtseins stellt die Frage nach dem Engagement verschieden sich dar. In Frankreich herrscht ästhetisch, offen oder verhüllt, das Prinzip l'art pour l'art, und ist mit akademischen und reaktionären Richtungen verschworen. Das erklärt die Revolte dagegen[6]). Selbst extrem avantgardistische Werke haben in Frankreich einen touch des dekorativ Angenehmen. Darum klang dort die Berufung auf Existenz und Engagement revolutionär. Umgekehrt in Deutschland. Einer Tradition, die tief in den deutschen Idealismus hineinreicht – ihr erstes berühmtes, von der Geistesgeschichte der Oberlehrer rezipiertes Dokument ist Schillers Abhandlung über das Theater als moralische Anstalt –, war die Zweckfreiheit der Kunst, die doch theoretisch zuerst von einem Deutschen rein und unbestechlich zum Moment des Geschmacksurteils erhoben wurde, suspekt. Weniger jedoch wegen der damit verkoppelten Verabsolutierung des Geistes; gerade die hat in der deutschen Philosophie bis zur Hybris sich ausgetobt. Sondern wegen der Seite, die das zweckfreie Kunstwerk der Gesellschaft zukehrt. Sie erinnert an jenen sinnlichen Genuß, an dem sublimiert und durch Negation noch die äußerste Dissonanz, und diese gerade, teilhat. Gewahrte die deutsche spekulative Philosophie das im Kunstwerk selbst gelegene Moment seiner

[6]) »Man weiß genau, daß reine Kunst und leere Kunst ein und dasselbe sind und daß der ästhetische Purismus im letzten Jahrhundert nur ein brillantes Defensivmanöver der Bürger war, die sich lieber als Philister angeprangert sahen denn als Ausbeuter.« (a.a.O., S. 20).

Transzendenz: daß sein eigener Inbegriff immer mehr ist, als es ist, so hat man daraus ein Sittenzeugnis abgeleitet. Das Kunstwerk soll, jener latenten Tradition zufolge, nichts für sich sein, weil es sonst, wie schon der Platonische Entwurf des Staatssozialismus es brandmarkte, verweichliche und von der Tat um der Tat willen, der deutschen Erbsünde, abhalte. Glücksfeindschaft, Asketentum, jene Sorte Ethos, die immerfort Namen wie Luther und Bismarck im Munde führt, wollen keine ästhetische Autonomie; ohnehin grundiert ein Unterstrom des knechtisch Heteronomen das Pathos des kategorischen Imperativs, der zwar einerseits die Vernunft selbst, andererseits aber ein schlechthin Gegebenes und blind zu Achtendes sein soll. Vor fünfzig Jahren ging es noch gegen George und seine Schule als gegen den Ästhetizismus von Französlingen. Heute hat der Muff, den keine Bomben explodieren ließen, mit der Wut auf die vorgebliche Unverständlichkeit der neuen Kunst sich verbündet. Als Motiv wäre der Kleinbürgerhaß auf den Sexus zu entdecken; darin berühren sich die abendländischen Ethiker mit den Ideologen des sozialistischen Realismus. Kein moralischer Terror hat Macht darüber, daß die Seite, welche das Kunstwerk seinem Betrachter zuwendet, diesem, und wäre es bloß durch die formale Tatsache temporärer Befreiung vom Zwang der praktischen Zwecke, auch Vergnügen bereitet. Thomas Mann hat das mit dem Wort vom höheren Jux ausgedrückt, das den Ethosbesitzern unerträglich ist. Selbst Brecht, der nicht frei war von asketischen Zügen – verwandelt kehren sie in der Sprödigkeit großer autonomer Kunst gegen den Konsum wieder –, hat zwar, mit Grund, das kulinarische Kunstwerk angeprangert, war aber viel zu gescheit, um nicht zu wissen, daß bei Wirkungszusammenhängen vom Moment des Genusses gar nicht ganz abgesehen werden kann, sogar im Angesicht der unerbittlichen Gebilde. Durch den Primat des ästhetischen Objekts als eines rein Durchgebildeten ist aber nicht doch wieder der Konsum, und damit das schlechte Einverständnis, auf einem Umweg eingeschmuggelt. Denn während jenes Moment, wäre es auch aus der Wirkung exstirpiert, stets in ihr wiederkehrt, ist der Wirkungszusammenhang nicht das Prinzip, dem die autonomen Werke unterstehen, sondern ihr Gefüge bei sich selbst. Sie sind Erkenntnis als begriffsloser Gegenstand. Darin beruht ihre Würde. Nicht haben sie die Menschen zu ihr zu überreden, weil sie in ihre Hand gegeben sei. Darum ist es heute in Deutschland eher an der Zeit, fürs autonome Werk zu sprechen als fürs engagierte. Allzu leicht rechnete dieses sich selbst alle edlen Werte zu, um mit ihnen umzuspringen. Auch unterm Faschismus wurde keine Untat verübt, die nicht moralisch sich herausgeputzt hätte. Die heute noch auf ihr Ethos und die Menschlichkeit pochen, lauern nur darauf, die zu verfolgen, die nach ihren Spielregeln verurteilt werden, und in der Praxis die gleiche Unmenschlichkeit zu betreiben, die sie theoretisch der neuen Kunst vorwerfen. In Deutschland läuft vielfach das Engagement auf Geblök hinaus, auf das, was alle sagen, oder wenigstens latent alle gern hören möchten. Im Begriff des ›message‹, der Botschaft von Kunst selbst, auch der politisch radikalen, steckt schon das weltfreundliche Moment; im Gestus des Anredens heimliches Einverständnis mit den Angeredeten, die doch allein dadurch noch aus der Verblendung zu reißen wären, daß man dies Einverständnis aufsagt.

Literatur, die wie die engagierte, aber auch wie die ethischen Philister es wollen, für den Menschen da ist, verrät ihn, indem sie die Sache verrät, die ihm helfen könnte nur, wenn sie nicht sich gebärdet, als ob sie ihm hülfe. Was aber daraus die Konsequenz zöge, absolut sich selbst zu setzen, nur um seiner selbst willen da zu sein, verkäme ebenso zur Ideologie. Über den Schatten von Irrationalität: daß Kunst, die noch in ihrem Gegensatz zur Gesellschaft ein Moment von ihr bildet, dagegen Augen und Ohren verschließen muß, kann sie nicht springen. Aber wenn sie selbst darauf sich beruft, willkürlich den Gedanken an ihre Bedingtheit bremst, und daraus ihre raison d'être folgert, so fälscht sie den Fluch über ihr um in ihre Theodizee. Noch im sublimiertesten Kunstwerk birgt sich ein Es soll anders sein; wo es nur noch sich selbst gliche, wie bei seiner reinen verwissenschaftlichten Durchkonstruktion, wäre es schon wieder im Schlechten, buchstäblich Vorkünstlerischen. Vermittelt aber ist das Moment des Wollens durch nichts anderes als durch die Gestalt des Werkes, dessen Kristallisation sich zum Gleichnis eines Anderen macht, das sein soll. Als rein gemachte, hergestellte, sind Kunstwerke, auch literarische, Anweisungen auf die Praxis, deren sie sich enthalten: die Herstellung richtigen Lebens. Solche Vermittlung ist kein Mittleres zwischen Engagement und Autonomie, keine Mixtur etwa von avancierten Formelementen und einem auf wirklich oder vermeintlich progressive Politik abzielenden geistigen Gehalt; der Gehalt der Werke ist überhaupt nicht, was an Geist in sie gepumpt ward, eher dessen Gegenteil. Der Akzent auf dem autonomen Werk jedoch ist selber gesellschaftlich-politischen Wesens. Die Verstelltheit wahrer Politik hier und heute, die Erstarrung der Verhältnisse, die nirgendwo zu tauen sich anschicken, nötigt den Geist dorthin, wo er sich nicht zu encanaillieren braucht. Während gegenwärtig alles Kulturelle, auch die integren Gebilde, zu ersticken droht im Kulturgewäsch, ist doch, zur gleichen Stunde, den Kunstwerken aufgebürdet, wortlos festzuhalten, was der Politik versperrt ist. Sartre selbst hat das an einer Stelle, die seiner Lauterkeit Ehre antut, ausgesprochen[7]). An der Zeit sind nicht die

[7]) Vgl. Jean-Paul Sartre, L'existentialisme est un humanisme, Paris 1946, p. 105.

politischen Kunstwerke, aber in die autonomen ist die Politik eingewandert, und dort am weitesten, wo sie politisch tot sich stellen, so wie Kafkas Gleichnis von den Kindergewehren, in dem die Idee der Gewaltlosigkeit mit dem dämmernden Bewußtsein von der heraufziehenden Lähmung der Politik fusioniert ist. Paul Klee, der in die Diskussion über engagierte und autonome Kunst hineingehört, weil sein Werk, écriture par excellence, seine literarischen Wurzeln hatte und ebensowenig wäre, wenn es diese nicht gäbe, wie wenn es sie nicht aufgezehrt hätte – Paul Klee hat im ersten Weltkrieg oder kurz danach Karikaturen gegen den Kaiser Wilhelm als unmenschlichen Eisenfresser gezeichnet. Aus diesen ist dann – es wäre wohl genau nachzuweisen – im Jahr 1920 der Angelus novus geworden, der Maschinenengel, der von Karikatur und Engagement kein offenes Emblem mehr trägt, aber beides weit überflügelt. Mit rätselhaften Augen zwingt der Maschinenengel den Betrachter zur Frage, ob er das vollendete Unheil verkünde oder die darin verkappte Rettung. Er ist aber, nach dem Wort Walter Benjamins, der das Blatt besaß, der Engel, der nicht gibt sondern nimmt.

Mein Anspruch kann nicht sein, durch Interpretation das Verständnis des Textes FA: M'AHNIESGWOW zu erleichtern. Zu einer solchen Interpretation, die langer Versenkung bedürfte, wären andere, aus dem Kölner Freundeskreis von Helms, weit legitimierter als ich; eine Einleitung aus engster Fühlung mit dem Werk hat Gottfried Michael König verfaßt. Zudem ist der Begriff des Verstehens auf einen hermetischen Text nicht frischfröhlich anzuwenden. Ihm wesentlich ist der Schock, mit dem er die Kommunikation heftig unterbricht. Das grelle Licht des Unverständlichen, das solche Gebilde dem Leser zukehren, verdächtigt die übliche Verständlichkeit als schal, eingeschliffen, dinghaft – als vorkünstlerisch. Das fremd Erscheinende qualitativ moderner Werke in geläufige Begriffe und Zusammenhänge zu übersetzen, hat etwas vom Verrat an der Sache. Je objektiver diese, je rücksichtsloser gegen das, was die Subjekte von ihr erwarten, oder auch was das ästhetische Subjekt in sie hineinlegt, um so problematischer die Verständlichkeit; je weniger die Sache den sedimentierten subjektiven Reaktionsformen sich anpaßt, um so schutzloser exponiert sie sich dem Allerweltseinwand subjektiver Willkür. Verstehen setzt einen geschlossenen Sinnzusammenhang voraus, der etwa durch Einfühlung vom Rezipierenden kann mitvollzogen werden. Unter den Motiven aber, die zu Konsequenzen wie FA: M'AHNIESGWOW führen, ist nicht das schwächste, die Fiktion eines solchen Sinnzusammenhangs wegzuräumen. Sobald die Reflexion der Kunstwerke jenen positiven metaphysischen Sinn bezweifelt, der im Werk sich kristallisiere und entlade, muß sie auch die Mittel, die sprachlichen zumal, verwerfen, die implizit von der Idee eines solchen Sinnes zehren, der einen integralen und dadurch beredten Zusammenhang stifte. Wieweit, was im Innern des Gebildes sich zuträgt, dem Nachvollzug durch den Betrachter offen ist und wieweit ein solcher Nachvollzug getreu es trifft, wird ungewiß. Hegels Ästhetik hat vor bald anderthalb Jahrhunderten den noch von Kant unbefragt unterstellten Ausgang der Theorie der Kunst von deren Wirkung auf den anschauenden Betrachter um deren Zufälligkeit willen kritisiert und, im Geist dialektischer Philosophie, verlangt, daß statt dessen der Gedanke in die Disziplin der Sache selbst eintrete. Diese Hegelsche Forderung hat mittlerweile auch subjektivistische Ansichten zerstört, die für Hegel noch unerschüttert waren und in seiner eigenen Methode naiv walten, wie die von der prinzipiellen Verständlichkeit des ästhetischen Gegenstandes. Durchschaute er es als zufällig, welche Wirkung welches Kunstwerk auf welchen Betrachter ausübt, so mußte seitdem der Glaube hinab, daß a priori ein unmittelbares Verhältnis zwischen Werk und Betrachter bestehe; daß ein objektiv wahres Gebilde auch seine Apperzeption garantiere. Ich möchte darum nicht versuchen, Helms verständlich zu machen, auch nicht mit zustimmenden oder kritischen Urteilen aufwarten, sondern lediglich einige Voraussetzungen erörtern.

Ich bin mir dessen bewußt, daß ich damit seine Produktion, und meine eigene Stellung zu ihr, dem triumphalen Hohn all der Wohldenkenden aussetze, die schon mit dem Vorsatz gewappnet sind, sich darüber zu ereifern, daß dies denn doch auch fortschrittlichen und aufgeschlossenen Leuten zuviel zumute. Ich kann mir vorstellen, mit welcher Befriedigung manche meinen Worten entnehmen, ich verstünde es also auch nicht. Aber ich möchte vor diesem bequemen Triumph warnen. In Kunst – und, so möchte ich denken, in ihr nicht allein – hat Geschichte rückwirkende Kraft. Die Krisis der Verständlichkeit, heute weit akuter als vor fünfzig Jahren, reißt auch ältere Werke in sich hinein. Insistierte man darauf, was Verständlichkeit von Kunst überhaupt bedeutet, so müßte man die Entdeckung wiederholen, daß sie wesentlich abweicht vom Verstehen als der rationalen Auffassung eines wie immer auch Gemeinten. Kunstwerke versteht man nicht wie eine fremde Sprache, oder wie Begriffe, Urteile, Schlüsse der eigenen. All das kann zwar in Kunstwerken als das signifikative Moment ihrer Sprache, oder als das ihrer Handlung, oder eines auf dem Bild Dargestellten, auch unterlaufen, spielt aber doch eher beiher und ist schwerlich das, worauf der ästhetische Verstehensbegriff zielt. Soll dieser etwas Adäquates, Sachgerechtes anzeigen, so wäre das heute eher als eine Art von Nachfahren vorzustellen; als der Mitvollzug der im Kunstwerk sedimentierten Spannungen, der in ihm zur Objektivität geronnenen Prozesse. Man versteht ein Kunstwerk nicht, wenn man es in Begriffe übersetzt – tut man einfach das, so ist es vorweg mißverstanden –, sondern sobald man in seiner immanenten Bewegung darin ist; fast möchte man sagen, sobald es vom Ohr seiner je eigenen Logik nach nochmals komponiert, vom Auge gemalt, vom sprachlichen Sensorium mitgesprochen wird. Verstehen im spezifisch begrifflichen Verstande des Wortes, wofern das Werk nicht rationalistisch verschandelt werden soll, stellt erst auf höchst vermittelte Weise sich her; indem nämlich der im Vollzug von Erfahrung ergriffene Gehalt, in seiner Beziehung zur Formensprache und den Stoffen des Gebildes, reflektiert und benannt wird. Derart verstanden werden Kunstwerke allein durch die Philosophie der Kunst, die freilich ihrer Anschauung nichts Äußerliches ist, sondern von jener immer schon erheischt, und in der Anschauung terminiert.

Fraglos ist die Anstrengung zu solchem emphatischen Verstehen auch traditioneller Kunstwerke nicht geringer als die, welche ein avancierter Text seinem mitvollziehenden Leser auferlegt.

Daß Kunst dem rationalen Verstehen als einer primären Verhaltensweise sich entzieht, ist vom vulgären ästhetischen Irrationalismus ausgebeutet worden. Gefühl sei alles. Die Einsicht wird aber dringlich erst recht, sobald künstlerische Erfahrung zur schlechten, passiven Irrationalität des Konsums wird, und aufs Gefühl kein Verlaß mehr ist. Anstelle des spezifischen Mitvollzugs, den die Kunstwerke verlangen, ist das bloße Mitplätschern mit dem Strom von Sprache, mit dem tonalen Gefälle, mit der gegenständlichen Komplexion der Bilder getreten. Die Passivität jener Reaktionsweise verwechselt sich mit löblicher Unmittelbarkeit. Die Werke werden fertig bezogenen Schemata subsumiert, nicht selber mehr erkannt. Dagegen müssen, nicht heute erst, die Kunstwerke sich schützen und einen Mitvollzug erzwingen, der dem konventionellen Verstehen abschwört, das nur ein seiner selbst nicht bewußtes Nichtverstehen wäre. Das in aller Kunst konstitutiv enthaltene, aber bislang weithin von Konventionellem überdeckte Moment des Absurden muß hervortreten, sich selbst aussprechen. Die sogenannte Unverständlichkeit gerade der legitimen zeitgenössischen Kunst ist die Konsequenz aus einem der Kunst an sich Eigentümlichen. Die Provokation vollstreckt zugleich das historische Urteil über die zum Mißverständnis degenerierte Verständlichkeit.

Dahin kam es freilich nicht so sehr durch die Polemik des Kunstwerks gegen das, was außer ihm ist, gegen sein gesellschaftliches Schicksal, als durch Notwendigkeit in seinem Innern. In der Dichtung ist deren Schauplatz der Doppelcharakter der Sprache als eines diskursiven, signifikativen Mittels – primär der Kommunikation – und als

Ausdruck. Insofern berührt die immanente Notwendigkeit radikaler sprachlicher Veranstaltungen sich doch wiederum mit der Kritik der Umwelt, an die Sprache das Kunstwerk zu zedieren neigt. Unbestechlich hat Karl Kraus, der dem Expressionismus feind war und damit der umstandslosen Vormacht des Ausdrucks über das Zeichen in der Sprache, dennoch nichts von der Differenz der dichterischen Sprache von der mitteilenden nachgelassen. Ausdauernd strengt sein œuvre sich an, künstlerische Autonomie der Sprache herzustellen, ohne ihrem anderen Aspekt, dem mitteilenden, der von der Überlieferung nicht zu trennen ist, Gewalt anzutun. Die Expressionisten aber trachteten, über den Schatten zu springen. Sie haben rücksichtslos den Primat des Ausdrucks verfochten. Ihnen schwebte vor, die Worte rein als Ausdrucksvaleurs wie Farben- oder Tonrelationen in Malerei und Musik zu verwenden. Der expressionistischen Idee leistete die Sprache so zähen Widerstand, daß sie außer bei den Dadaisten kaum je ganz sich realisierte. Kraus behielt insofern recht, als er, gerade vermöge seiner schrankenlosen Hingabe an das, was die Sprache als objektiver Geist jenseits der Kommunikation will, dessen innewurde, daß sie ihres signifikativen Moments, der Begriffe und Bedeutungen, nicht ganz sich entledigen kann. Der Dadaismus wollte denn auch nicht Kunst, sondern Attentate auf diese. Vielleicht ist keine optische Konfiguration vorzustellen, die nicht durch sei's auch noch so entfernte Ähnlichkeit mit der Dingwelt an diese gefesselt bliebe. Analog trägt alles Sprachliche, selbst bei äußerster Reduktion auf den Ausdruckswert, die Spur des Begrifflichen. Angesichts jenes untilgbaren Rests von starrer, objektiv diktierter Eindeutigkeit hat das Expressive seinen Zoll an Willkür und Beliebigkeit zu entrichten. Je eifriger Dichtung ihrer dem Formgesetz fremden, von seiner inneren Organisation her nie ganz zu bestimmenden Verwandtschaft mit der empirischen Welt zu entrinnen sucht, desto mehr exponiert sie sich dem, was den literarischen Expressionismus zum Veralten verurteilte, ehe er nur recht seinen Augenblick hatte. Um reiner Ausdruck, ja um überhaupt ein rein dem eigenen Impuls Gehorchendes zu werden, muß solche Dichtung sich mühen, ihr begriffliches Element abzuschütteln. Darum Mallarmés berühmter Einwand gegen den großen Maler Degas, als dieser ihm sagte, er habe einige gute Ideen für Sonette: aber Gedichte macht man doch nicht aus Gedanken sondern aus Worten. In der vorigen Generation haben Antipoden wie Karl Kraus und Stefan George gleichermaßen den Roman verworfen, aus Aversion gegen das Amusische des gegenständlichen Überschusses in der Dichtung, den doch eigentlich die Begriffe bereits in die Lyrik hineinschleppen. Der Begriff selber, die Merkmaleinheit alles jeweils unter ihm Befaßten, das der Empirie angehört und nicht in den Bann des Werkes fällt, hat vor aller Erzählung von der Welt etwas Kunstfeindliches. Nicht umsonst entstammt das Wort Sprachkunstwerk erst einer überaus späten Phase, und sensible Ohren werden ein leise Ungemäßes darin nicht überhören. Dennoch sind die Begriffe der Sprache unabdingbar. Noch der stammelnde Laut, soweit er Wort ist und nicht Ton, behält seinen begrifflichen Umfang, und vollends der Zusammenhang sprachlicher Gebilde, durch den allein sie zu einem künstlerischen Einen sich organisieren, kann des begrifflichen Elements kaum entraten.

Nachträglich nehmen unter diesem Aspekt selbst die authentischesten Werke etwas Vorkünstlerisches, gewissermaßen Informatorisches an. Dichtung tastet danach, ohne expressionistische Don Quixoterie mit dem begrifflichen Moment sich abzufinden, nicht aber ihm sich zu überantworten. Rückblickend wäre einzuräumen, eben das habe große Dichtung von je getan, ja sie danke ihre Größe gerade der Spannung zu jenem ihr heterogenen Moment. Sie werde zum Kunstwerk in der Reibung am Außerkünstlerischen; sie transzendiere es, und sich selber, indem sie es achtet. Aber durch die unaufhaltsame Reflexion der Geschichte wird diese Spannung, und die Aufgabe sie auszutragen, thematisch. Wer noch blind dem Doppelcharakter von Sprache als Zeichen und Ausdruck sich anvertraute, als wäre er gottgewollt, der würde auf dem gegenwärtigen Stand der Sprache selbst Opfer der bloßen Mitteilung. Die Grenzscheide sind die beiden Epopöen von James Joyce. Er verschmilzt die Intention auf eine streng im Innenraum des Kunstwerks organisierte Sprache – und dieser Innenraum, nicht der psychologische, war die legitime Idee des monologue intérieur – mit der großen Epik, mit dem Drang, jenen der Kunst gegenüber transzendenten Gehalt, durch den sie erst zur Kunst wird, inmitten ihres dicht verschlossenen Immanenzzusammenhangs festzuhalten. Wie Joyce beides zum Einstand bringt, macht seinen außerordentlichen Rang aus, die erhobene Mitte zwischen zwei Unmöglichkeiten, der des Romans heute und der von Dichtung als reinem Laut. Sein prüfender Blick hat einen Riß im Gefüge der signifikativen Sprache erspäht, wo sie dem Ausdruck kommensurabel würde, ohne daß der Dichter den Kopf in den Sand zu stecken brauchte und sich zu benehmen, als wäre Sprache Musik unmittelbar. Ihm zeigte sich diese Lücke im Licht der fortgeschrittenen Psychologie, der Freudischen. Die radikale Konstitution des ästhetischen Innenraums ist durch die Beziehung auf den des Subjekts vermittelt, in dem sie sich doch nicht erschöpft. Im Bereich der abgespaltenen Subjektivität befreit das Werk sich von dem, was ihm selber äußerlich ist, was seinem Kraftfeld sich entzieht. Erst durch Subjektivierung wird die Objektivation des Kunstwerks, als einer in sich durchgeformten Monade, recht möglich. Subjektivität macht sich zu dem, was sie rudimentär stets war, seit Kunstwerke eigenen Gesetzes existieren, zu deren Medium oder zu deren Schauplatz. Im Prozeß der ästhetischen Objektivation dann jedoch sinkt Subjektivität, der Inbegriff beredter Erfahrungen, selber herab zum Rohmaterial, einer zweiten Auswendigkeit, die von dem Kunstwerk aufgezehrt wird. Durch Subjektivierung hindurch konstituiert es sich als eine Realität sui generis, in der das Wesen der Realität draußen widerscheint. Das ist ebenso die geschichtliche Bahn der Moderne wie der zentrale Vorgang in jedem einzelnen Werk. Die Kräfte, welche die Objektivation bewirken, sind die gleichen, durch welche das Werk der Empirie gegenüber, von der es nichts unverwandelt in sich duldet, Stellung bezieht und zu ihr sich verhält. Im übrigen sind deren Elemente in den vermeintlich bloß subjektiven Materialien, an welchen der Prozeß sich ereignet, zerstreut enthalten.

Entäußert der sprachliche Ausdruck nicht gänzlich sich der Begriffe, so gleichen umgekehrt diese nicht, wie die positivistische Wissenschaft es propagiert, den Definitionen ihrer Bedeutungen. Die Definitionen sind selber Resultate einer Verdinglichung, eines Vergessens; nie das, was sie am eifrigsten sein möchten: dem voll adäquat, worauf die Begriffe gehen. Die fixierten Bedeutungen sind herausgebrochen aus dem Leben der Sprache. Dessen Rudimente aber sind die in den begrifflichen Bedeutungen nicht aufgehenden, gleichwohl mit zarter Notwendigkeit an die Worte sich anschließenden Assoziationen. Gelingt es der Dichtung, in ihren Begriffen die Assoziationen zu erwecken und mit ihnen das signifikative Moment zu korrigieren, so beginnen die Begriffe, jener Konzeption zufolge, sich zu bewegen. Ihre Bewegung soll zur immanenten des Kunstwerks werden. Den Assoziationen ist mit so feinen Ohren nachzugehen, daß sie den Worten selbst sich anschmiegen und nicht bloß dem zufälligen Individuum, das sie hantiert. Der subkutane Zusammenhang, der aus ihnen sich bildet, hat den Vorrang vor der Oberfläche des diskursiven Inhalts von Dichtung, ihrer kruden Stoffschicht, ohne daß diese doch ganz verschwände. In Joyce verbindet sich die Idee einer objektiven Physiognomik der Worte kraft der ihnen innewohnenden Assoziationen mit einem Atem des Ganzen, der in diese Assoziationen umgesetzt, tendenziell nicht von außen anbefohlen wird. Seine Position hat zugleich jener Unerreichbarkeit der gegenständlichen Welt fürs ästhetische Subjekt Rechnung getragen, die weder durch reumütig realistische Gesinnung rückgängig zu machen noch, in verblendetem Solipsismus, absolut zu setzen ist. Indem Dichtung als Ausdruck sich zu dem der für sie zerfallenen Realität macht, drückt sie deren Negativität aus.

Die autonome Durchformung des literarischen Produkts stellt, monadologisch, Gesellschaftliches vor, ohne darauf hinzuschielen; vieles spricht dafür, daß das aktuelle Kunstwerk die Gesellschaft um so genauer trifft, je weniger es von ihr handelt oder gar auf unmittelbare gesellschaftliche Wirkung, sei es die des Erfolgs, sei es die praktisch eingreifende, hofft. Zersetzt bei Joyce, und eigentlich schon in Prousts Roman, sich das empirische Zeitkontinuum, weil die biographische Einheit von Lebensläufen dem Formgesetz äußerlich und der subjektiven Erfahrung, an der es sich schult, unangemessen ist, so konvergiert eine solche literarische Verfahrungsweise, also genau das, was nach östlicher Redeweise formalistisch hieße, mit der Zersetzung des Zeitkontinuums in der Realität, dem Absterben von Erfahrung, das schließlich zurückgeht auf den zeitfremd technifizierten Prozeß der Produktion materieller Güter. Derlei Konvergenzen erweisen den Formalismus als den

wahren Realismus, während Prozeduren, die anordnungs-
gemäß das Reale spiegeln, dadurch eine nichtexistente Versöhntheit der Realität mit dem Subjekt vortäuschen. Realismus in der Kunst ist Ideologie geworden, so wie die
Gesinnung sogenannter realistischer Menschen, die nach den
nun einmal bestehenden Institutionen, ihren Desideraten
und Angeboten sich richten, dadurch nicht, wie sie es sich
einbilden, von Illusionen frei werden, sondern einzig an
dem Schleier mitweben, den der Zwang der Verhältnisse,
als Schein ihrer Naturgegebenheit, um jene legt.

Proust hatte das mildere Mittel der unwillkürlichen Erinnerung benutzt, die ja mit den Freudischen Assoziationen manches teilt. Joyce macht diese für die Spannung
zwischen Ausdruck und Bedeutung fruchtbar, indem die
Assoziation sich an die Bedeutung von freilich meist aus
ihrem Urteilskontext isolierten Worten heftet, ihren Gehalt aber vom Ausdruck – zunächst dem des Unbewußten –
empfängt. An der Lösung jedoch ist auf die Dauer ein Un-
zulängliches nicht zu verkennen. Bei Proust kommt es daran zutage, daß, entgegen dem Vorsatz, im ausgeführten
Gewebe der Recherche die authentischen unwillkürlichen
Erinnerungen gegenüber weit handfesteren Elementen von
Psychologie und Romantechnik sehr zurücktreten. Proust
selbst, und vollends seine Ausleger, haben den Geschmack
der in Tee getauchten Madeleine so sehr überanstrengt,
weil jene Erinnerungsspur als eine der wenigen im Werk
dem aus Bergson herausgelesenen Programm genügt. Joyce,
der Jüngere, verfährt weniger behutsam mit der empirischen Realität. Er spinnt die Assoziationen so weit aus,
bis sie vom diskursiven Sinn sich emanzipieren. Dafür hat
er zu zahlen: nicht stets wird die Assoziation als notwendig
evident, oft bleibt sie zufällig wie ihr Substrat, das psychologische Individuum. Das Hegelsche Philosophem, es sei
das Besondere das Allgemeine, das seiner Spekulation

durch zahllose Vermittlungen als Frucht zufällt, wird zum Risiko, wenn das literarische Gebilde es buchstäblich nimmt. Manchmal glückt es, manchmal nicht. Proust wie Joyce lassen auf dies Risiko in heroischer Anstrengung sich ein. Ihre Selbstreflexion kontrolliert den Verlauf des Unwillkürlichen im Text, um nur solches Zufällige zu tolerieren, dessen Notwendigkeit zugleich einleuchtet. Nicht anders hat in der neuen Musik, auf der Höhe der freien Atonalität, der Schönberg der ›Erwartung‹ dem Triebleben der Klänge nachgehört und es dadurch vor dem behütet, womit die spätere Kunst sich selbst kompromittierte, als die Parole des Automatischen beliebt ward. Das Gehör, das jene Klänge und ihre Folge mitvollzieht, wird zu der Instanz, die über ihre konkrete Logik entscheidet. In keinem ästhetischen Medium hat auf diesem Indifferenzpunkt zwischen äußerster Passivität und äußerster Anspannung sich beharren lassen. Der Grund ist wahrscheinlich nicht einmal, daß die darin liegende Zumutung die Fähigkeit des produktiven Ingeniums überschritte. Gewiß hat der Philister unrecht, der tönt, nach dem extremen Pendelschlag von ungebundenem Subjektivismus sei Besinnung auf eine mittlere Objektivität an der Zeit, die eben als mittlere in Wahrheit bereits sich selbst richtet. Vielmehr wird wohl alle avancierte Kunst nach dem zweiten Weltkrieg bewogen, jene Position zu verlassen, weil die Notwendigkeit, bei der das Subjekt ganz dabei ist, die eins wäre mit seiner lebendigen Spontaneität, ein Moment des Trugs enthält. Gerade wo die Freiheit des künstlerischen Subjekts sich geborgen dünkt, sind seine Reaktionsweisen determiniert durch die Macht, die eingeschliffene Formen der ästhetischen Verfahrungsweise über es ausüben. Was das Subjekt als seine autonome Leistung, die der Objektivation fühlt, enthüllt sich im Rückblick auf mehr denn dreißig Jahre als durchsetzt mit historischen Rückständen.

Sie sind aber mit der immanenten Tendenz des Materials selbst, des sprachlichen nicht anders als des musikalischen oder malerischen, nicht länger vereinbar. Was einst Logik verbürgen wollte, wird als obsolet zum Flecken, zum Falschen; Hypothek des Traditionalismus in einer Kunst, die von der traditionellen am drastischesten dadurch sich unterscheidet, daß sie gegen Rudimente des Traditionellen empfindlich geworden ist, wie die traditionelle gegen die Dissonanz es war. Bereits die Konzeption der Zwölftontechnik in der Musik wollte die traditionalistische Last des subjektiven Gehörs, etwa die Gravitation von Leitton und Kadenz, abschütteln. Was folgte, hat registriert, daß man nun wiederum einen Rückfall in überholte und ungemäße Formen in den Kategorien der Objektivation witterte, die der spätere Schönberg aufrichtete. Man wird das wohl, ohne auf geistesgeschichtliche Gemeinplätze sich zu verirren, auf die Literatur übertragen dürfen.

Helmsens Experiment – und das diffamierende Wort Experiment ist positiv zu wenden; nur als experimentierende, nicht als geborgene hat Kunst überhaupt noch ihre Chance – basiert technisch auf derlei Erfahrungen und Erwägungen. Er nimmt Joyce gegenüber ein ähnliches Interesse wahr wie die serielle Musik und Theorie, der er nahe steht, gegenüber freier Atonalität und Zwölftontechnik. Daß FA: M'AHNIESGWOW von Finnegans Wake herstammt, liegt auf der Hand. Helms versteckt das nicht im mindesten, wie denn Tradition heute ihren Ort nur in der avancierten Produktion hat. Wesentlicher sind die Differenzen. Er macht literarisch denselben Schritt wie die jüngste Musik und bietet dasselbe Ärgernis. Während seine Strukturen Raum und Material äußerster Subjektivierung verdanken, erkennen sie den Primat des Subjekts, das Kriterium seines lebendigen Mitvollzugs nicht mehr an. Vollends weigern sie sich dem Cliché des Schöpferischen, das ohnehin vor menschlichem Werk nur Hohn ist. Notwendigkeit inmitten des subjektiv konstituierten Bereichs wird tendenziell vom Subjekt losgesprengt, ihm entgegengesetzt. Die Konstruktion versteht sich nicht mehr als Leistung der spontanen Subjektivität, ohne die sie freilich gar nicht zu denken wäre, sondern will aus dem durchs Subjekt je schon vermittelten Material herausgelesen werden. Benutzt bereits Joyce in verschiedenen Teilen verschiedene Sprachkonfigurationen, -schichten, Grade der Diskursivität, die gegeneinander abgewogen sind, so werden solche zuvor erst desultorischen Strukturelemente bei Helms beherrschend. Das Ganze ist in Strukturen komponiert, jeweils aus einer Reihe von Dimensionen, oder, nach der Terminologie der seriellen Musik, Parametern gefügt, die selbständig oder kombiniert oder nach Stufen geordnet auftreten. Die Affinität dieses Verfahrens zum seriellen der Musik mag ein Modell erläutern. Die Krise des Sinnzusammenhangs als eines phänomenal, in der Tuchfühlung seiner Teile wahrnehmbaren Ganzen hat die seriellen Komponisten nicht dazu verführt, den Sinn einfach zu liquidieren. Stockhausen hält ihn, den unmittelbar apperzipierbaren Zusammenhang, als einen Grenzwert fest. Von ihm führte ein Kontinuum bis zu solchen Strukturen, die der gewohnten Weise des Sinn Hörens, also der Illusion der Notwendigkeit von Klang zu Klang, sich versagen. Sie lassen nur noch etwa so sich auffassen, wie das Auge die Fläche eines Bildes als ganze überschaut. Analog steht die Konzeption von Helms zum diskursiven Sinn. Sein Kontinuum reicht von quasi erzählenden, an der Oberfläche verständlichen Teilen bis zu solchen, in denen die phonetischen Valeurs, die reinen Ausdrucksqualitäten, die semantischen, die Bedeutungen ganz überwiegen. Der Konflikt von Ausdruck und Bedeutung in der Sprache wird nicht, wie von den Dadaisten, schlicht zugunsten des Ausdrucks entschie-

den. Er wird als Antinomie respektiert. Aber das literarische Gebilde findet sich mit ihm nicht als mit einem ungebrochenen Ineinander ab. Es polarisiert ihn zwischen
Extremen, deren Folge selber Struktur ist, also das Gebilde
formt.

Auch das Moment des Zufälligen, das der von Helms er-
erbten Assoziationstechnik des Sprachgefüges bei Joyce innewohnt, fällt nicht der Konstruktion zum Opfer. Diese
sucht zu leisten, was die Assoziation allein nicht leisten
konnte, und wofür früher in der Dichtung, tant bien que
mal, die diskursive Sprache zu sorgen schien. Die Struktu-
rierung sowohl der einzelnen Komplexe wie ihres Verhältnisses zueinander möchte immanent jene Gesetzlichkeit
des literarischen Gebildes garantieren, die ihm weder die
ihm entfremdete Empirie noch das unverbindliche Assozia-
tionsspiel gewährt. Aber das Gebilde ist frei von der Naivetät, darum den Zufall als beseitigt einzuschätzen. Er
überlebt ebenso in der Wahl der Strukturen wie im Mikro-
bereich der einzelnen sprachlichen Konfigurationen. Deshalb wird Zufälligkeit selbst – wiederum analog zur seriellen Komposition – zu einem der Parameter des Werkes
gemacht, dem am anderen Extrem der vollkommener
Durchorganisation entspräche. Aus der Zufälligkeit, zu der
im Stande des konsequenten ästhetischen Nominalismus
die Universalia herabgesunken sind, soll ein Kunstmittel
werden.

Jenes Moment der sich selbst hervorhebenden Zufälligkeit, als des nicht gänzlichen Dabeiseins des Subjekts im
Werk, ist das eigentlich Schockierende an den jüngsten
Entwicklungen, im Tachismus nicht anders als in der Musik und literarisch. Wie meist Schocks, zeugt auch dieser
von einer alten Wunde. Denn die Versöhntheit von Subjekt und Objekt, eben das vollkommene Dabeisein des Subjekts im Kunstwerk, war immer auch Schein, und wenig

fehlt, daß man diesen Schein dem ästhetischen schlechthin gleichsetzen möchte. Zufällig waren im Kunstwerk, unter dem Aspekt seines Formgesetzes, nicht nur die ihm selbst transzendenten Gegenstände, die es, nach der barbarischen Redeweise, behandelte. Auch die Notwendigkeiten seiner eigenen Logik hatten etwas Fiktives. Ein Stück Täuschung steckte darin, daß notwendig sei, was es doch als Spiel nicht ganz ist; nie gehorchen Kunstwerke in sich derselben Kausalität wie Natur und Gesellschaft. Zufällig aber ist schließlich die konstitutive Subjektivität selbst, die dabei sein will, und auf die das Kunstwerk notwendig sich zurücknimmt. Die Notwendigkeit, die das Subjekt anbefiehlt, um in der Sache gegenwärtig zu sein, wird erkauft mit den Schranken einer Individuation, von der das Moment der Beliebigkeit nicht sich wegdenken läßt. Das Ich, als das Unmittelbare, Nächste der Erfahrung, ist nicht deren wesentlicher Gehalt; von Erfahrung wird es entblättert als ein Abgeleitetes. Während die traditionelle Kunst solche subjektive Zufälligkeit im Werk, und selbst seinem eigenen Gesetz gegenüber, sei es abschaffen, sei es wenigstens vertuschen wollte, stellt die neue sich der Unmöglichkeit des einen und der Lüge des anderen. Anstatt daß Zufälligkeit über den Kopf des Werkes hinweg triumphierte, gesteht sie sich als unabdingbares Moment ein und hofft, damit etwas von der eigenen Fehlbarkeit loszuwerden. Auch kraft solcher hineingenommenen Zufälligkeit arbeitet hermetische Kunst, welche die Realisten verdammen, ihrem Scheincharakter entgegen und nähert der Realität sich an. Von je war die Bereitschaft von Werken, der Zufälligkeit des Lebens sich zu öffnen, anstatt sie durch die Dichte ihres Sinnzusammenhangs auszutreiben, das Ferment dessen, was bis zur Schwelle der Moderne als Realismus figurierte. Das Zufallsprinzip ist das Bewußtsein des Realismus von sich selbst im Augenblick seiner Lossage von der empirischen Realität. Ihm kommt zustatten, daß ästhetisch alles in sich ganz Konsequente, wäre es auch die strikte Negation von Sinn durch den Zufall als Prinzip, etwas wie einen Sinnzusammenhang zweiter Potenz stiftet. Das erlaubt es, ihn mit anderen ästhetischen Elementen in ein Kontinuum einzubringen. Was nicht länger beansprucht, dem Formgesetz untertan zu sein, stimmt, nach der Arbeitshypothese solcher Produktion, mit diesem zusammen.

Sie widerstrebt einer sehr verbreiteten Ansicht über die neue Kunst: daß die konstruktiven Richtungen – in der Malerei der Kubismus und was an ihn anschloß – und die subjektiv-expressiven – also Expressionismus und Surrealismus – bloße Gegensätze, zwei divergente Möglichkeiten des Verfahrens wären. Beide Momente sind nicht durch äußerliche Synthese verkoppelt, sondern gehen in sich ineinander über: das eine wäre nicht ohne das andere. Reduktion auf den reinen Ausdruck allein schafft Raum für eine autonome Konstruktion, die keiner der Sache äußerlichen Schemata mehr sich bedient, und bedarf der Konstruktion zugleich, um den reinen Ausdruck gegen seine Kontingenz zu festigen. Konstruktion aber wird zur künstlerischen – im Gegensatz zur buchstäblich-mathematischen von Zweckformen – nur dadurch, daß sie an Heterogenem, ihr gegenüber Irrationalem, gleichsam Stofflichem sich sättigt; sonst bliebe sie zum Leerlauf verurteilt. Nach der Sprache der Psychoanalyse gehörten im emanzipierten Werk Ausdruck und Konstruktion so zusammen wie Es und Ich. Was Es ist, soll Ich werden, sagt die neue Kunst mit Freud. Aber das Ich ist von seiner Kardinalsünde, der blinden, sich selbst verzehrenden und das Naturverhältnis ewig wiederholenden Herrschaft über die Natur nicht zu heilen, indem es auch die inwendige Natur, das Es sich unterwirft, sondern indem es mit dem Es sich versöhnt, wissend und aus Freiheit es dorthin begleitet, wohin es will. Wie der richtige Mensch nicht der wäre, welcher den Trieb unterdrückt, sondern einer, der ihm ins Auge sieht und ihn erfüllt, ohne ihm Gewalt anzutun und ihm als einer Gewalt sich zu beugen, so müßte das richtige Kunstwerk heute zu Freiheit und Notwendigkeit modellhaft sich verhalten. Das mochte dem Komponisten Ligeti vorschweben, als er auf den dialektischen Umschlag totaler Determiniertheit und totaler Zufälligkeit in der Musik aufmerksam machte. Nicht weitab davon dürfte die Intention von Helms sein. Sie zielt, wenn einmal literarhistorisch zu reden gestattet ist, auf etwas wie einen zu sich selbst gekommenen, seiner selbst bewußten, in sich folgerechten und durchorganisierten Joyce. Sicherlich wäre Helms der letzte, zu prätendieren, er habe diesen überholt oder, wie das beliebt-abscheuliche Wort lautet, überwunden. Die Geschichte der Kunst ist kein Boxkampf, in dem das Jüngere das Ältere zu Boden schlägt; auch in der avancierten, in der ein Werk das andere zu kritisieren scheint, geht es nicht so agonal her. Nicht weniger töricht, als einer seriellen Komposition nachzurühmen, sie sei besser als die mehr als fünfzig Jahre alte ›Erwartung‹ von Schönberg, wären derlei Fanfaren in der Literatur. Größere Konsequenz ist nicht identisch mit höherer Qualität. Die triftige Frage jedoch, ob der Fortschritt der Materialbeherrschung nicht allzu teuer bezahlt werde; ob nicht die Authentizität von Schönberg oder Joyce gerade von der Spannung ihres nicht vollends eingeschmolzenen Gehalts zu Material und Verfahrungsweise herrührt, vermag nicht die künstlerische Praxis zu retardieren. Diese hat keine Wahl, als folgerecht, unbestechlich, ohne nach rückwärts zu blicken, Bedürfnisse einzulösen, die in den älteren Werken unerfüllt blieben. Sie kann nur hoffen, durch ihre eigene Konsequenz etwas von deren Fluch zu tilgen, so wie es im Verhältnis von Konstruktion und Zufall sich anmelden mag. Sie kann aber nicht im Gedanken an die Kraft des noch nicht ganz Konsequenten auf eine geschichtlich vergangene Position sich zurückbegeben. Eher müßte sie Qualitätsverlust in den Kauf nehmen; ohnehin herrscht nie prästabilierte Harmonie zwischen der Intention und der Qualität. Spannung zu einem ihnen Heteronomen ist das Eine, was die Kunstwerke von sich aus nicht wollen können und wovon alles abhängt. Zu ihr ist geworden, was einmal das Begnadete der Werke hieß, der Wahrheitsgehalt, über den sie selber keine Macht haben.

Technisch entfernt Helms sich vom Joyceschen Verfahren, indem er die psychologischen Wortassoziationen, die nicht vermieden werden, einem Kanon unterwirft. Er stammt aus dem Vorrat des objektiven Geistes, den Beziehungen und Querverbindungen von Worten und ihren Assoziationsfeldern in verschiedenen Sprachen. Sie spielten schon in Finnegans Wake herein, gehorchen aber nun dem Konstruktionsplan. Ein philologisch gelenkter Assoziationszusammenhang, und damit tendenziell ein aus dem Material der Sprache geschöpfter, möchte anstelle des Typus der Assoziation treten, der aus der psychoanalytischen Methode vertraut ist, wenn sie die Worte als Schlüssel zum Unbewußten verwendet. Ähnliche Funktion gewinnt die Philologie auch bei Beckett. Helms aber ambitioniert dabei nicht weniger, als aus dem monologue intérieur auszubrechen, dessen Struktur das Urbild des Ganzen ist, der aber nun selbst nicht länger das Gesetz des literarischen Gebildes abgibt, sondern Material. Die eigentlich exzentrischen Züge des Experiments von Helms, an denen, wie stets in der Kunst, die differentia specifica seines Ansatzes von anderen sich erkennen läßt, resultieren daraus. Er ist etwas wie eine Parodie des poeta doctus aus dem siebzehnten Jahrhundert, die polemische Antithese zu der mittlerweile zum Schwindel verkommenen imago des Dichters als dessen, der den Ursprüngen lauscht. Er erwartet die Kenntnis der von ihm benutzten und verschlüsselten Sprachbestandteile und Realien. Haben von jeher Dichtungen im Kommentar sich entfaltet, so ist diese auf den Kommentar angelegt wie jene deutschen Barockdramen, denen die gelehrten Schlesier ihre Scholien hinzufügten. Auch das steigert bestürzend eine Qualität, die in der Moderne längst präformiert war; außer bei Joyce selbst, dessen Finnegan seines Bedürfnisses nach Erläuterungen nicht sich schämt, schon bei Eliot und Pound. Provoziert wird der Einwand der Übersetzbarkeit. Die Handlung, die aus FA: M'AHNIESGWOW diskursiv herauszuschälen ist, die erotischen Situationen zwischen Michael und Helène, sind keineswegs so unkonventionell, daß sie primär derart schwierige Veranstaltungen erheischten. König schon hat angedeutet, daß der Parameter Inhalt mit dem technischen noch nicht Schritt hält: er erklärt das mit der Jugend des Autors. Warum aber verschlüsseln, was nach dem Herkommen sich erzählen ließe? Der Einwand entspringt einer um den Begriff des Symbols geordneten Ästhetik. Er attackiert den Überschuß von Bedeutungen über das nach den Normen jener Ästhetik anschaulich Gestaltete. Gerade auch der hermetische Anspruch werde dadurch desavouiert, daß das Werk, um sich selber in sich zu entfalten, verwiesen bleibe auf das, was es von sich aus nicht leistet. Soviel jedenfalls darf dem entgegnet werden, daß jenes nicht Aufgehen in der Sache, verwandt dem Geist der Allegorie, dieser Sache wesentlich sei. Wie die Konzeption des Kunstwerks als eines in sich einstimmigen Sinnzusammenhangs wird auch die Fiktion der Einstimmigkeit seiner Gestalt, seiner reinen immanenten Geschlossenheit herausgefordert, die keinen anderen Rechtsgrund hätte denn jenen Sinnzusammenhang. Die unmittelbare Identität von Anschaulichkeit und Intention, die in der traditionellen Kunst prätendiert, aber, mit Grund, nie realisiert ward, ist mit Grund drangegeben. Durch den

Abbruch der Kommunikation, durch seine eigene Geschlossenheit kündigt das hermetische Kunstwerk Geschlossenheit, die den früheren Werken das verlieh, was sie darstellten, ohne es selber ganz zu sein. Das hermetische Werk jedoch formt in sich den Bruch aus, der der ist zwischen der Welt und dem Werk. Das brüchige Medium, das Ausdruck und Bedeutung nicht verschmilzt, nicht das eine dem anderen opfernd integriert, sondern beide zur unversöhnlichen Differenz treibt, wird zum Träger des Gehalts, des Brüchigen, Sinnfernen. Der Bruch, den das Gebilde nicht überbrückt, sondern liebend und hoffend zum Agens seiner Form macht, ist übrig als Figur des ihm transzendenten Gehalts. Sinn drückt es aus durch Askese gegen den Sinn.

Peter Szondi gewidmet

Seitdem die Georgeschule die Ansicht von Hölderlin als einem stillen und feinen Nebenpoeten mit rührender vita zerstört hat, wuchs fraglos wie der Ruhm auch das Verständnis sehr an. Grenzen, welche die Erkrankung des Dichters dem hymnischen Spätwerk gegenüber zu setzen schien, wurden weit hinausgerückt. Die Rezeption Hölderlins in der neueren Lyrik seit Trakl trug von sich aus dazu bei, das Fremde, bestimmend in ihr selbst, im Urbild vertraut zu machen. Der Prozeß war keiner bloßer Bildung. Aber der Anteil der philologischen Wissenschaft daran läßt nicht sich verkennen. Muschg hat in seinem Angriff auf die tagesüblichen metaphysischen Interpretationen dies Verdienst, unter Nennung von Friedrich Beissner, Kurt May, Emil Staiger, mit Recht hervorgehoben und der Beliebigkeit des marktgängigen Tiefsinns entgegengehalten. Rügt er freilich an den philosophischen Interpreten, sie wollten es besser wissen als der Gedeutete: – »sie sprechen aus, was er nach ihrer Meinung nicht zu sagen wagte oder zu sagen vermochte«[1] –, so bringt er damit ein Axiom ins Spiel, das die philologische Methode gegenüber dem Wahrheitsgehalt beschränkt und das nur allzu gut harmoniert mit der Warnung, über die »schwierigsten Texte«, den »geisteskranke(n) Hölderlin, Rilke, Kafka, Trakl«[2] sich herzumachen. Die Schwierigkeit dieser ungleichnamigen Autoren verbietet nicht sowohl die Interpretation, als daß sie sie erheischt. Jenem Axiom zufolge bestünde die Er-

[1] Walter Muschg, Die Zerstörung der deutschen Literatur, München, o. J., S. 182.
[2] a.a.O.

kenntnis von Dichtungen in der Rekonstruktion des jeweils vom Autor Intendierten. Der feste Boden, den die philologische Wissenschaft daran zu besitzen meint, schwankt indessen. Die subjektive Intention ist, soweit sie nicht sich objektivierte, kaum wiederherstellbar; allenfalls soweit, wie Entwürfe und angrenzende Texte sie beleuchten. Gerade dort jedoch, wo es gilt: wo die Intention verdunkelt ist und der philologischen Konjektur bedarf, werden im allgemeinen die fraglichen Stellen von den durch Parallelen zu belegenden mit Grund abweichen, und Konjekturen versprechen wenig, wofern sie nicht selber schon an einem ihnen Vorgängigen, Philosophischen, Halt haben; zwischen beidem herrscht Wechselwirkung. Vor allem aber erschöpft der künstlerische Prozeß, der von jenem Axiom, wie wenn insgeheim stets noch der Bann der Diltheyschen Methode waltete, als Königsweg in die Sache betrachtet wird, keineswegs derart sich in der subjektiven Intention, wie das Axiom stillschweigend supponiert. Die Intention ist darin ein Moment: sie verwandelt sich zum Gebilde nur, indem sie an anderen Momenten sich abarbeitet, dem Sachgehalt, dem immanenten Gesetz des Gebildes und – zumal bei Hölderlin – der objektiven Sprachgestalt. Zur Kunstfremdheit des Feinsinns rechnet es, dem Künstler alles zuzutrauen; die Künstler selbst indessen werden durch ihre Erfahrung darüber belehrt, wie wenig ihr Eigenes ihnen gehört, in welchem Maß sie dem Zwang des Gebildes gehorchen. Es wird desto vollkommener gelingen, je spurloser die Intention in dem Gestalteten aufgehoben ist. »Dem Begriff des Ideals gemäß«, lehrt Hegel, könne man »von Seiten der subjektiven Äußerung die wahre Objektivität dahin feststellen, daß von dem ächten Gehalt des Gegenstandes, der den Künstler begeistert, nichts in dem subjektiven Inneren zurückbehalten, sondern Alles vollständig und zwar in einer Weise entfaltet werden muß, in

157

welcher die allgemeine Seele und Substanz des erwählten Gehalts ebenso sehr hervorgehoben als die individuelle Gestaltung desselben in sich vollendet abgerundet, und der ganzen Darstellung nach von jener Seele und Substanz durchdrungen erscheint. Denn das Höchste und Vortrefflichste ist nicht etwa das Unaussprechbare, so daß der Dichter in sich noch von größerer Tiefe wäre, als das Werk darthut, sondern seine Werke sind das Beste des Künstlers, und das Wahre, was er ist, das *ist* er, was aber nur im Innern bleibt, das *ist* er nicht.«[3]) Fordert Beissner, unter legitimer Anspielung auf theoretische Sätze Hölderlins, man solle das Gedicht beurteilen »nach seinem gesetzlichen Kalkul und sonstiger Verfahrungsart, wodurch das Schöne hervorgebracht wird«[4]), so ruft er damit, wie Hegel und dessen Freund, eine Instanz an, welche über des Dichters Sinn, die Intention, notwendig hinausweist. Die Kraft dieser Instanz steigt in der Geschichte an. Was in den Werken sich entfaltet und sichtbar wird; wodurch sie an Autorität gewinnen, ist nichts anderes als die objektiv in ihnen erscheinende Wahrheit, welche die subjektive Intention als gleichgültig unter sich läßt und sie verzehrt. Hölderlin, dessen eigener subjektiver Ansatz bereits gegen den herkömmlichen Begriff subjektiver Ausdruckslyrik sich auflehnt, hat solche Entfaltung beinahe vorgedacht. Die Verfahrungsweise seiner Interpretation dürfte selbst nach philologischem Maß so wenig in der approbiert philologischen aufgehen wie die späten Hymnen in der Erlebnislyrik.

Beissner hat etwa dem ›Winkel von Hardt‹, keinem der schwierigsten Gedichte, eine kurze Erläuterung beigefügt. Am Stoff klärt sie das Dunkle auf. Der jäh genannte Na-

---

[3]) Hegel, WW XII, Vorlesungen über die Ästhetik, 1. Bd., ed. Glockner, Stuttgart 1937, S. 390.

[4]) Hölderlin, WW 2, herausgegeben von Friedrich Beissner, Stuttgart 1953, S. 507. – Zitiert wird nach der sogenannten Kleinen Ausgabe.

me Ulrich ist der des verfolgten Herzogs von Württemberg. Zwei Felsplatten bilden den »Winkel«, den Spalt, in dem jener sich versteckte. Das Ereignis, das der Sage nach dort sich zutrug, soll aus der Natur sprechen, die darum »nicht gar unmündig« genannt wird. Nachlebende Natur wird zur Allegorie des Schicksals, das an der Stelle einmal stattfand: einleuchtend Beissners Erklärung der Rede vom »übrigen« als dem übrig gebliebenen Ort. Die Idee einer allegorischen Naturgeschichte jedoch, die hier aufblitzt und das gesamte Spätwerk Hölderlins durchherrscht, bedürfte selbst, als philosophische, ihrer philosophischen Herstellung. Vor ihr verstummt die philologische Wissenschaft. Das ist aber nicht gleichgültig fürs künstlerische Phänomen. Während die Kenntnis der von Beissner angezogenen stofflichen Elemente den Schein des Wirren auflöst, der einst jene Verse umgab, behält gleichwohl das Gebilde selbst, als Ausdruck, den Charakter von Verstörtheit. Verstehen wird es, wer nicht nur des pragmatischen Gehalts rational sich versichert, der außerhalb des im Gedicht und seiner Sprache Manifesten seinen Ort hat, sondern wer stets noch den Schock des unvermuteten Namens Ulrich fühlt; wer sich ärgert an dem »nicht gar unmündig«, das überhaupt erst aus der naturgeschichtlichen Konstruktion Sinn empfängt, und ähnlich an dem Gefüge »Ein groß Schicksal / Bereit am übrigen Orte«[5]). Was die philologische Erklärung wegzuräumen gehalten ist, verschwindet dennoch nicht aus dem, was Benjamin zuerst und später Heidegger das Gedichtete nannte. Dies der Philologie sich entziehende Moment verlangt von sich aus Interpretation. Das Dunkle an den Dichtungen, nicht, was in ihnen gedacht wird, nötigt zur Philosophie. Es ist aber der Intention, »des Dichters Sinn« inkommensurabel, auf den noch

[5]) a.a.O., S. 120.

Beissner sich beruft, freilich um mit ihm die »Frage nach dem Kunstcharakter des Gedichtes«[6]) zu sanktionieren. Pure Willkür wäre es, Hölderlin, wie immer auch verklausuliert, die Fremdheit jener Verse als Absicht zuzuschreiben. Sie rührt von einem Objektiven her, dem Untergang der tragenden Sachgehalte im Ausdruck, der Beredtheit eines Sprachlosen. Ohne das Verschweigen des Sachgehalts wäre das Gedichtete so wenig wie ohne den verschwiegenen. So komplex ist, wofür heute der Begriff immanente Analyse sich eingebürgert hat, der in der gleichen dialektischen Philosophie entsprang, an deren formativen Jahren Hölderlin Anteil hatte. In der Literaturwissenschaft bereitete die Wiederentdeckung jenes Prinzips ein genuines Verhältnis zum ästhetischen Gegenstand überhaupt erst vor, wider eine genetische Methode, welche die Angabe der Bedingungen, unter denen Dichtungen entstanden, der biographischen, der Vorbilder und sogenannten Einflüsse, mit der Erkenntnis der Sache selbst verwechselte. Wie jedoch das Hegelsche Modell der immanenten Analyse nicht bei sich selbst verbleibt, sondern mit der eigenen Kraft des Gegenstandes diesen durchbricht; über die monadologische Geschlossenheit des Einzelbegriffs hinaustreibt, indem es diesen achtet, so dürfte es auch um die immanente Analyse von Dichtungen stehen. Worauf diese zielen und worauf Philosophie zielt, ist das Gleiche, der Wahrheitsgehalt. Zu ihm geleitet der Widerspruch, daß jegliches Werk rein aus sich verstanden werden will, aber keines rein aus sich verstanden werden kann. So wenig wie der ›Winkel von Hardt‹ wird irgendein anderes ganz von der Stoffschicht expliziert, deren die Stufe des Sinnverständnisses bedarf, während die höheren den Sinn erschüttern. Die Bahn von dessen bestimmter Negation dann

[6]) a.a.O., S. 507.

ist die zum Wahrheitsgehalt. Soll er emphatisch wahr, mehr als das bloß Gemeinte sein, so läßt er den Immanenzzusammenhang unter sich, indem er sich konstituiert. Die Wahrheit eines Gedichts ist nicht ohne dessen Gefüge, die Totalität seiner Momente; ist aber zugleich, was dies Gefüge, als eines von ästhetischem Schein, übersteigt: nicht von außen her, durch gesagten philosophischen Inhalt, sondern vermöge der Konfiguration der Momente, die, zusammengenommen, mehr bedeuten, als das Gefüge meint. Wie mächtig die Sprache, dichterisch gebraucht, über die bloß subjektive Intention des Dichters hinausschießt, läßt in der ›Friedensfeier‹ an einem zentralen Wort sich erkennen: Schicksal. Hölderlins Intention ist einverstanden mit diesem Wort, soweit er Partei ergreift für den Mythos; soweit sein Werk Mythisches bedeutet. Unleugbar affirmativ die Stelle: »Schicksalsgesetz ist dies, daß Alle sich erfahren, / Daß, wenn die Stille kehrt, auch eine Sprache sei.«[7] Verhandelt aber ward übers Schicksal zwei Strophen früher: »Denn schonend rührt des Maßes allzeit kundig / Nur einen Augenblick die Wohnungen der Menschen / Ein Gott an, unversehn, und keiner weiß es, wenn? / Auch darf alsdann das Freche drüber gehn, / Und kommen muß zum heilgen Ort das Wilde / Von Enden fern, übt rauhbetastend den Wahn, / Und trifft daran ein Schicksal, aber Dank,/ Nie folgt der gleich hernach dem gottgegebenen Geschenke.«[8]) Dadurch, daß am Ende dieser Zeilen, vermittelt durch ein Aber, auf Schicksal das Stichwort Dank folgt, wird eine Zäsur gesetzt, die sprachliche Konfiguration bestimmt den Dank als Antithesis zum Schicksal oder, in Hegelscher Sprache, als den qualitativen Sprung, der aus Schicksal, auf es antwortend, herausführt. Dem Gehalt nach ist Dank antimythologisch schlechthin, das, was laut wird im Augen-

[7]) Hölderlin, WW 3, Stuttgart 1958, S. 430.
[8]) a.a.O., S. 428 f.

blick der Suspension des Immergleichen. Lobt der Dichter das Schicksal, so setzt diesem die Dichtung den Dank entgegen, aus dem eigenen Momentum, ohne daß er es gemeint haben muß.

Während indessen die Hölderlinsche Dichtung, gleich jeder nachdrücklichen, der Philosophie als des Mediums bedarf, das ihren Wahrheitsgehalt zutage fördert, taugt dazu ebensowenig der Rekurs auf eine wie immer auch ihn beschlagnahmende. Die Arbeitsteilung, welche nach dem Verfall des deutschen Idealismus Philosophie und Geisteswissenschaften verhängnisvoll trennte, hat die letzteren, des eigenen Mangels bewußten ebenso dazu veranlaßt, sich nach Hilfe dort umzusehen, wo sie innehalten wollen oder müssen, wie sie umgekehrt die Geisteswissenschaften um das kritische Vermögen brachte, das allein ihr den Übergang in Philosophie gestattet hätte. Heteronom hängte darum die Hölderlin-Interpretation in weitem Maß an die unbefragte Autorität eines Denkens sich an, das von sich aus mit Hölderlin fraternisierte. Die Maxime, die Heidegger seinen Erläuterungen voranstellt, lautet: »Um des Gedichteten willen muß die Erläuterung des Gedichtes danach trachten, sich selbst überflüssig zu machen«[9]), also ebenso im Wahrheitsgehalt zu verschwinden wie die Realien. Während er aber den Begriff des Gedichteten dergestalt akzentuiert, ja dem Dichter selbst die äußerste metaphysische Dignität zumißt, zeigen seine Erläuterungen im einzelnen sich höchst gleichgültig gegen das spezifisch Dichterische. Er verherrlicht den Dichter, überästhetisch, als Stifter, ohne das Agens der Form konkret zu reflektieren. Erstaunlich, daß keiner am Zug des Amusischen in jenen Erläuterungen sich geärgert hat, an mangelnder Affinität. Phrasen aus dem Jargon der Eigentlichkeit wie die, daß

[9]) Martin Heidegger, Erläuterungen zu Hölderlins Dichtung, Frankfurt 1951, S. 7 f.

Hölderlin »in die Entscheidung« stelle[10]) – man fragt vergebens, in welche, und es ist vermutlich keine andere als die klappernd obligate zwischen Sein und Seiendem –; unmittelbar danach die ominösen »Leitwörter«; »das echte Sagen«[11]); Clichés aus der minderen Heimatkunst wie »versonnen«[12]); hochtrabende Kalauer wie: »Die Sprache ist ein Gut in einem ursprünglicheren Sinn. Sie steht dafür gut, das heißt: sie leistet Gewähr, daß der Mensch als geschichtlicher sein kann«[13]); professorale Wendungen wie »aber sogleich erhebt sich die Frage«[14]); die Benennung des Dichters als des »Hinausgeworfenen«[15]), die ein humorlos unfreiwilliger Witz bleibt, auch wenn sie eine Belegstelle aus Hölderlin für sich anführen kann: all das treibt in den Erläuterungen ungestört sein Unwesen. Nicht, daß er kein Dichter sei, ist gegen den Philosophen einzuwenden, aber die Afterpoesie zeugt gegen seine Philosophie der Dichtung. Das ästhetisch Schlechte entspringt im schlecht Ästhetischen, der Verwechslung des Dichters, bei dem der Wahrheitsgehalt vermittelt ist durch den Schein, mit dem Stifter, der ins Sein selbst eingriffe, gar nicht so verschieden von der einst in der Georgeschule geübten Heroisierung der Dichter: »Die Ursprache aber ist die Dichtung als Stiftung des Seins.«[16]) Der Scheincharakter der Kunst affiziert unmittelbar deren Verhältnis zum Gedanken. Was wahr und möglich ist als Dichtung, kann es nicht buchstäblich und ungebrochen als Philosophie sein; daher die ganze Schmach des altmodisch-modischen Wortes »Aussage«. Jede Interpretation von Dichtungen, welche sie auf die Aussage

[10]) a.a.O., S. 32.
[11]) a.a.O., S. 35.
[12]) a.a.O., S. 32.
[13]) a.a.O., S. 35.
[14]) a.a.O., S. 38.
[15]) a.a.O., S. 43.
[16]) a.a.O., S. 40.

bringt, vergeht sich an ihrer Weise von Wahrheit, indem sie an ihrem Scheincharakter sich vergeht. Was als Sage vom Ursprung den eigenen Gedanken und Dichtung, die nicht Gedanke ist, unterschiedslos auslegt, fälscht beides im gespensterhaft wiederkehrenden Geist des Jugendstils, am Ende im ideologischen Glauben, es lasse von der Kunst her die als schlecht und erniedrigend erfahrene Realität sich wenden, nachdem die reale Änderung verbaut ist. Die ins Maßlose gesteigerte Ehrfurcht vor Hölderlin betrügt über ihn im Einfachsten. Sie suggeriert, was der Dichter sagt, wäre so, unmittelbar, buchstäblich; das dürfte die Vernachlässigung des gleichzeitig verherrlichten Gedichteten erklären. Die schlagartige Entästhetisierung des Gehalts unterschiebt das unabdingbar Ästhetische als Reales, ohne Rücksicht auf die dialektische Brechung zwischen Form und Wahrheitsgehalt. Dadurch wird die genuine Beziehung Hölderlins zur Realität, die kritische und utopische, weggeschnitten. Er soll als Sein zelebriert haben, was in seinem Werk keinen anderen Ort hat als die bestimmte Negation des Seienden. Die allzu früh behauptete Wirklichkeit des Dichterischen unterschlägt die Spannung von Hölderlins Dichtung zur Wirklichkeit und neutralisiert sein Werk zum Einverständnis mit dem Schicksal.

Heidegger hebt an mit dem manifest von Hölderlin Gedachten, anstatt dessen Stellenwert im Gedichteten auszumachen. Er siedelt ihn, ohne davon Rechenschaft zu geben, zurück in die Gattung Gedankendichtung Schillerscher Provenienz, von der man ihn dank der neueren Arbeit an den Texten befreit glaubte. Die Beteuerungen des Dichterischen fallen gegenüber dem von Heidegger tatsächlich Geübten wenig ins Gewicht. Es hat seine Stütze an den gnomischen Elementen in Hölderlin selbst. Sententiöse Prägungen sind auch in die späten Hymnen eingelassen. Stets ragen Sentenzen aus den Dichtungen heraus, als wären sie Urteile über Reales. Was aus Mangel an ästhetischem Organ unterhalb des Kunstwerks verharrt, benutzt die Sentenzen, um sich in eine Position über dem Kunstwerk zu manövrieren. Mit Kurzschluß, in recht gewalttätiger Paraphrase einer Empedokles-Stelle, verkündet Heidegger die Wirklichkeit des Gedichteten: »Dichtung erweckt den Schein des Unwirklichen und des Traumes gegenüber der greifbaren und lauten Wirklichkeit, in der wir uns heimisch glauben. Und doch ist umgekehrt das, was der Dichter sagt und zu sein übernimmt, das Wirkliche.«[17]) Das Wirkliche der Dichtungen, ihr Wahrheitsgehalt, vermischt sich solcher Erläuterung trüb mit dem unmittelbar Gesagten. Das verhilft zur billigen Heroisierung des Dichters als des politischen Stifters, der die Winke, die er empfängt, »weiter winkt in sein Volk«[18]): »indem Hölderlin das Wesen der Dichtung neu stiftet, bestimmt er erst eine neue Zeit«[19]). Das ästhetische Medium des Wahrheitsgehalts wird eskamotiert; Hölderlin auf den von Heidegger zu autoritärem Behuf ausgewählten angeblichen Leitworten aufgespießt. Dem Gedichteten jedoch gehören die Gnomen bloß vermittelt an, in ihrem Verhältnis zur Textur, aus der sie, selber Kunstmittel, herausstechen. Daß, was der Dichter sagt, das Wirkliche sei, mag zutreffen auf den Gehalt des Gedichteten; nie auf Thesen. Treue, die Tugend des Dichters, ist die zum Verlorenen. Sie setzt Distanz zur Möglichkeit, es sei jetzt und hier zu ergreifen. Soviel steht bei Hölderlin selbst. Die »Starken« von »Asia«, urteilt der Hymnus ›Am Quell der Donau‹, »Die furchtlos vor den Zeichen der Welt, / Und den Himmel auf Schultern und alles Schicksal, / Taglang auf Bergen gewurzelt, / Zuerst es verstanden. / Allein zu reden / Zu Gott. Die ruhn

[17]) a.a.O., S. 42.
[18]) a.a.O.
[19]) a.a.O., S. 44.

nun.«[20]) An sie heftet sich Treue: »Nicht uns, auch Eures bewahrt sie, / Und bei den Heiligtümern, den Waffen des Worts, / Die scheidend ihr den Ungeschickteren uns, / Ihr Schicksalssöhne, zurückgelassen ... Da staunen wir.«[21]) Die »Waffen des Worts«, die dem Dichter bleiben, sind überschattete Erinnerungsspuren, keine Heideggersche »Stiftung«. Von den archaischen Worten, in welchen dessen Deutung terminiert, heißt es bei Hölderlin ausdrücklich »wir ... wissens nicht zu deuten«[22]). – Wohl schicken manche Verse Hölderlins sich zu Heideggers Erläuterungen, Produkte schließlich der gleichen philhellenisch-philosophischen Tradition. Wie jeglicher genuinen Entmythologisierung wohnt dem Gehalt Hölderlins eine mythische Schicht inne. Der Vorwurf der Willkür reicht gegen Heidegger nicht aus. Da die Deutung von Dichtung dem gilt, was nicht gesagt ward, so kann nicht gegen sie gehalten werden, daß es in jener nicht gesagt sei. Erweislich aber ist, daß, was Hölderlin verschweigt, nicht ist, was Heidegger extrapoliert. Liest dieser die Worte: »Schwer verläßt / Was nahe dem Ursprung wohnet, den Ort«[23]), so mag er ebenso über das Pathos des Ursprungs frohlocken wie über das Lob von Immobilität. Jedoch die ungeheure Zeile »Ich aber will dem Kaukasos zu!«[24]), die bei Hölderlin im Geist von Dialektik – und dem der Beethovenschen Eroica – fortissimo dazwischenfährt, ist mit solcher Gestimmtheit nicht mehr zu vereinen. Als hätte Hölderlins Dichtung vorausgesehen, wofür sie einmal die deutsche Ideologie einspannte, richtet die späteste Fassung von ›Brot und Wein‹ eine Tafel auf wider den irrationalistischen Dogmatismus und den Ursprungskult in

[20]) Hölderlin, WW 2, a.a.O., S. 132.
[21]) a.a.O., S. 133.
[22]) a.a.O.
[23]) a.a.O., S. 144.
[24]) a.a.O., S. 145.

einem: »Glaube, wer es geprüft! nämlich zu Haus ist der Geist / Nicht im Anfang, nicht an der Quell.«[25]) Die Paränese hat ihren Ort unmittelbar vor der von Heidegger reklamierten Zeile: »Kolonie liebt, und tapfer Vergessen der Geist.«[26]) Kaum anderswo dürfte Hölderlin seinen nachgeborenen Protektor schroffer Lügen strafen als im Verhältnis zum Fremden. Das Hölderlins ist für Heidegger eine einzige Irritation. Die Liebe zur Fremde bedarf bei diesem der Apologie. Sie sei »jene, die zugleich an die Heimat denken läßt«[27]). In diesem Kontext gibt er dem Hölderlinschen Ausdruck Kolonie eine erstaunliche Wendung; kleinkrämerische Wörtlichkeit wird zum Mittel nationalistischer Rabulistik. »Die Kolonie ist das auf das Mutterland zurückweisende Tochterland. Indem der Geist Land solchen Wesens liebt, liebt er mittelbar und verborgen doch nur die Mutter.«[28]) Das endogamische Ideal Heideggers überwiegt selbst sein Bedürfnis nach einer Ahnentafel der Seinslehre. Hölderlin wird über Stock und über Stein für eine Vorstellung von Liebe eingespannt, die in dem kreist, was man ohnehin ist, narzißtisch fixiert ans eigene Volk; Heidegger verrät die Utopie an Gefangenschaft in der Selbstheit. Das Hölderlinsche »und tapfer Vergessen (liebt) der Geist« muß Heidegger umfrisieren in »die verborgene Liebe, die den Ursprung liebt«[29]). Am Ende des Exkurses ereignet sich bei Heidegger der Satz: »Das tapfer Vergessen ist der wissende Mut zum Erfahren des Fremden um der künftigen Aneignung des Eigenen willen.«[30]) Aus dem

[25]) a.a.O., S. 413.
[26]) a.a.O.
[27]) Heidegger, Erläuterungen zu Hölderlins Dichtungen, a.a.O., S. 88.
[28]) a.a.O.
[29]) a.a.O., S. 89.
[30]) a.a.O. Im ersten Brief an Böhlendorf rühmt Hölderlin die Fähigkeit Homers, »das Fremde sich anzueignen«, keineswegs die, das Eigene und bloß um dessentwillen das Fremde zu erfahren. Der Tenor jenes

exilierten Hölderlin, der im selben Brief an Böhlendorf sich fortwünscht nach Otaheiti[31]), wird ein zuverlässiger Auslandsdeutscher. Ungewiß, ob die Heidegger-Apologetik noch dessen Verkoppelung von Kolonie und Aneignung dem Soziologismus solcher zur Last legt, die sie bemerken.

Vom selben Schlag sind Betrachtungen, die Heidegger, mit sichtbarem Unbehagen, an die Verse über die braunen Frauen von Bourdeaux im ›Andenken‹ anschließt. »Die Frauen – Dieser Name hat hier noch den frühen Klang, der die Herrin und Hüterin meint. Jetzt aber wird er in dem einzigen Bezug auf die Wesensgeburt des Dichters genannt. In einem Gedicht, das kurz vor der Hymnenzeit und im Übergang zu ihr entstanden ist, hat Hölderlin alles gesagt, was zu wissen ist (›Gesang des Deutschen‹, Elfte Strophe, IV 130):

> Den deutschen Frauen danket! sie haben uns
> Der Götterbilder freundlichen Geist bewahrt ...

Die dem Dichter selbst noch verhüllte dichterische Wahrheit dieser Verse bringt dann die Hymne ›Germanien‹ zum Leuchten. Die deutschen Frauen retten das Erscheinen der Götter, damit es das Ereignis der Geschichte bleibt, dessen Weile sich den Fängen der Zeitrechnung entzieht, die, wenn es hochkommt, ›historische Situationen‹ feststellen kann. Die deutschen Frauen retten die Ankunft der Götter in die Milde eines freundlichen Lichtes. Sie nehmen diesem Ereignis die Furchtbarkeit, deren Schrecken zum

Briefs, an den Heidegger gedacht haben mag, ist das Gegenteil dessen, wofür jener ihn reklamiert: »Aber ich behaupt' es noch einmal und stelle es Deiner Prüfung und Deinem Gebrauche frei: das eigentlich Nationelle wird im Fortschritt der Bildung immer der geringere Vorzug werden.« (Friedrich Hölderlins Gesammelte Briefe, Inselausgabe, o. J., S. 389).

[31]) a.a.O., S. 391.

Maßlosen verführt, sei es in der Versinnlichung des Götterwesens und seiner Stätten, sei es im Begreifen ihres Wesens. Die Bewahrung dieser Ankunft ist das stete Mitbereiten des Festes. Im Gruß des ›Andenkens‹ sind jedoch nicht die deutschen Frauen genannt, sondern ›die braunen Frauen daselbst‹«[32]). Die keineswegs erhärtete Behauptung, das Wort Frauen habe hier noch den frühen – man möchte ergänzen: Schillerschen – Klang, »der die Herrin und Hüterin meint«, während Hölderlins Verse eher von der erotischen imago der Südländerin entzückt sind, gestattet Heidegger unvermerkt den Übergang zu den deutschen Frauen und ihrem Lob, von denen im ausgelegten Gedicht schlechterdings nicht die Rede ist. Sie werden an den Haaren herbeigeschleift. Offenbar mußte der philosophische Kommentator, als er 1943 mit dem ›Andenken‹ sich beschäftigte, bereits die Erscheinung französischer Frauen als subversiv fürchten; er hat aber auch später an dem putzigen Exkurs nichts geändert. Zum pragmatischen Gehalt des Gedichts lenkt er vorsichtig und verschämt zurück durchs Zugeständnis, es seien nicht die deutschen, sondern die »braunen Frauen daselbst« genannt. – Beissner hat, gestützt auf Äußerungen Hölderlins und auch auf Gedichttitel, die späten Hymnen ›Die vaterländischen Gesänge‹ genannt. Vorbehalte gegen sein Verfahren sind nicht Zweifel an dessen philologischer Rechtfertigung. Das Wort Vaterland selbst jedoch hat in den hundertfünfzig Jahren seit der Niederschrift jener Gedichte zum Schlimmen sich verändert, die Unschuld verloren, die es noch in den Kellerschen Versen »Ich weiß in meinem Vaterland / Noch manchen Berg, o Liebe« mit sich führte. Liebe zum Nahen, Sehnsucht nach der Wärme der Kindheit hat zum Ausschließenden, zum Haß gegen das Andere sich entfaltet, und das ist an dem

[32]) Heidegger, Erläuterungen zu Hölderlins Dichtung, a.a.O., S. 101 f.

Wort nicht auszulöschen. Es durchtränkte sich mit einem Nationalismus, von dem bei Hölderlin jede Spur fehlt. Der Hölderlin-Kultus der deutschen Rechten hat entstellend den Hölderlinschen Begriff des Vaterländischen so verwandt, als ob er ihren Idolen gälte und nicht dem glücklichen Einstand von Totalem und Partikularem. Hölderlin selbst bereits registrierte, was später an dem Wort offenbar wurde: »Verbotene Frucht, wie der Lorbeer, aber ist / Am meisten das Vaterland.«[33]) Die Fortsetzung »Die aber kost / Ein jeder zuletzt«[34]) dürfte weniger dem Dichter einen Zeitplan vorschreiben als die Utopie visieren, in der die Liebe zum Nahen befreit wäre von aller Feindschaft.

So wenig wie das Vaterland steht bei Hölderlin, dem Meister intermittierender Sprachgesten, zentral die Kategorie der Einheit: gleich dem Vaterland will sie totale Identität. Sie aber imputiert ihm Heidegger. »Wo ein Gespräch sein soll, muß das wesentliche Wort auf das Eine und Selbe bezogen bleiben. Ohne diesen Bezug ist auch und gerade ein Streitgespräch unmöglich. Das Eine und Selbe aber kann nur offenbar sein im Lichte eines Bleibenden und Ständigen. Beständigkeit und Bleiben kommen jedoch dann zum Vorschein, wenn Beharren und Gegenwart aufleuchten.«[35]) So wenig für die in sich selber prozessuale, geschichtshafte Hymnik Hölderlins das »Bleibende und Ständige« entscheidet, so wenig auch Einheit und Selbigkeit. Aus der Homburger Zeit stammt das Epigramm ›Wurzel alles Übels‹: »Einig zu sein, ist göttlich und gut; woher ist die Sucht denn / Unter den Menschen, daß nur Einer und Eines nur sei?«[36]) Heidegger zitiert es nicht. Seit Parmenides sind das Eine und das Sein verkoppelt. Heidegger nö-

[33]) Hölderlin, WW 2, a.a.O., S. 196.
[34]) a.a.O.
[35]) Heidegger, a.a.O., S. 37.
[36]) Hölderlin, WW 1, Stuttgart 1944, S. 302.

tigt es Hölderlin auf, der die Substantivierung jenes Begriffs meidet. Er reduziert sich dem Heidegger der Erläuterungen zur handfesten Antithese: »Das Sein ist niemals ein Seiendes.«[37]) Dadurch wird es, wie im von Heidegger sonst verpönten Idealismus, dem er insgeheim zurechnet, zu einem frei Gesetzten. Das erlaubt die ontologische Hypostase der dichterischen Stiftung. Deren berühmte Invokation bei Hölderlin ist von Hybris rein; das »Was bleibet« aus dem ›Andenken‹ deutet, der puren grammatischen Form nach, auf Seiendes und das Gedächtnis daran, wie das der Propheten; keineswegs auf ein Sein, das nicht sowohl in der Zeit bliebe, als Zeitlichem transzendent wäre. Was jedoch in einem Vers Hölderlins als Gefahr der Sprache angezeigt ist: an ihr kommunikatives Element sich zu verlieren und ihren Wahrheitsgehalt zu verhökern, wird ihr von Heidegger als »eigenste Seinsmöglichkeit« zugeschrieben und von Geschichte abgespalten: »Gefahr ist Bedrohung des Seins durch Seiendes.«[38]) Hölderlin stehen die reale Geschichte und ihr Rhythmus vor Augen. Bedroht ist ihm viel mehr das ungeschieden Einige, im Hegelschen Sinn Substantielle, denn ein behütetes Arcanum von Sein. Heidegger jedoch folgt der obsoleten Abneigung des Idealismus gegen das Seiende als solches; im gleichen Stil, in dem Fichte mit dem Realen, der Empirie verfährt, die zwar vom absoluten Subjekt gesetzt, zugleich aber als bloßer Anstoß zur Tathandlung, wie schon bei Kant das Heteronome, verachtet wird. Jesuitisch findet Heidegger mit Hölderlins Stellung zu den Realien sich ab, indem er die Frage nach der Relevanz der geschichtsphilosophischen Tradition, aus der Hölderlin hervorging, scheinbar unbeantwortet läßt, jedoch suggeriert, der Zusammenhang mit ihr sei fürs Gedichtete unerheblich: »Inwieweit das in diesen

---

[37]) Heidegger, a.a.O., S. 38.
[38]) Heidegger, a.a.O., S. 34.

Versen gedichtete Gesetz der Geschichtlichkeit sich aus dem Prinzip der unbedingten Subjektivität der deutschen absoluten Metaphysik Schellings und Hegels herleiten läßt, nach deren Lehre das Bei-sich-selbst-Sein des Geistes erst die Rückkehr zu sich selbst und diese wiederum das Außersich-Sein vorausfordert, inwieweit ein solcher Hinweis auf die Metaphysik, selbst wenn er ›historisch richtige‹ Beziehungen ausfindig macht, das dichterische Gesetz aufhellt oder nicht eher verdunkelt, sei dem Nachdenken nur vorgelegt.«[39]) Sowenig Hölderlin in sogenannte geistesgeschichtliche Zusammenhänge aufzulösen, sowenig gar der Gehalt seiner Dichtung auf Philosopheme arglos abzuziehen ist, sowenig läßt er doch andererseits aus den kollektiven Zusammenhängen sich entfernen, in denen sein Werk sich bildete und mit denen es bis in die sprachlichen Zellen hinein kommuniziert. Weder die Gesamtbewegung des deutschen Idealismus noch irgendeine nachdrücklich philosophische ist ein Phänomen abgezirkelter Begrifflichkeit, sondern repräsentiert eine »Stellung des Bewußtseins zur Objektivität«: tragende Erfahrungen wollen im Medium des Denkens sich ausdrücken. Jene, nicht bloß Begriffsapparaturen und Termini, hat Hölderlin mit seinen Freunden gemeinsam. Das reicht bis in die Form. Auch die Hegelsche befolgt keineswegs stets die Norm des Diskursiven, welche in Philosophie für so fraglos angesehen wird wie in Dichtung die Art Anschaulichkeit, der die Verfahrungsweise des späteren Hölderlin opponierte. Texte Hegels, die etwa um die gleiche Zeit geschrieben wurden, scheuen nicht Passagen, welche die ältere Literaturhistorie leicht Hölderlins Wahnsinn hätte zurechnen können; so eine aus der 1801 erschienenen Schrift über die Differenz des Fichteschen und Schellingschen Systems: »Je weiter die Bildung gedeiht, je mannigfaltiger die Entwicklung der Äußerungen des Le-

³⁵) a.a.O., S. 85 f. Fußnote.

bens wird, in welche die Entzweiung sich verschlingen kann, desto größer wird die Macht der Entzweiung, desto fester ihre klimatische Heiligkeit, desto fremder dem Ganzen der Bildung und bedeutungsloser die Bestrebungen des Lebens, sich zur Harmonie wieder zu gebären.«[40]) Kaum weniger klingt das an Hölderlin an als einige Zeilen später die diskursive Formulierung von der »tieferen ernsten Beziehung lebendiger Kunst«[41]). Heideggers Anstrengung, Hölderlin durch Erhöhung von den Genossen metaphysisch abzusplittern, ist Echo eines heroisierenden Individualismus, ohne Organ für die kollektive Kraft, welche geistige Individuation überhaupt erst hervorbringt. Hinter Heideggers Sätzen birgt sich der Wille, den Wahrheitsgehalt von Dichtungen und Philosophie, allen Perorationen über die Geschichtlichkeit zum Trotz, zu entzeitlichen, Geschichtliches in Invarianz zu versetzen, ohne Rücksicht auf den geschichtlichen Kern des Wahrheitsgehaltes selbst. Aus Komplizität mit dem Mythos preßt Heidegger Hölderlin zum Zeugen für jenen und präjudiziert durch die Methode das Ergebnis. Beissner unterstreicht in seinem Kommentar zum ›Quell der Donau‹ den Ausdruck »wohlgeschieden«[42]) in Versen, welche gerade die Erinnerung, das aneinander Denken anstelle mythologischer Epiphanie hervorheben: »Trotz der möglichen geistigen Versenkung sind die Wirklichkeiten des Griechentums und der götterlosen Zeit doch wohlgeschieden. Diesen Gedanken betonen deutlicher die beiden Anfangsstrophen des Gesangs Germanien.«[43]) Der einfache Wortlaut enthüllt Heideggers ontologische Transposition der Geschichte in ein im reinen Sein sich Ereig-

[40]) Hegel, WW 1, Aufsätze aus dem kritischen Journal der Philosophie, ed. Glockner, Stuttgart 1958, S. 47.
[41]) a.a.O.
[42]) Hölderlin, WW 2, a.a.O., S. 132.
[43]) a.a.O., S. 429.

nendes als Erschleichung. Nicht Einflüsse oder Geistesver-
wandtschaften stehen in Rede sondern die Komplexion des
dichterischen Gehalts. Wie in der Hegelschen Spekulation
wird unterm Blick des Hölderlinschen Gedichts das geschichtlich Endliche zur Erscheinung des Absoluten als dessen eigenes notwendiges Moment, derart, daß Zeitliches
dem Absoluten selbst innewohnt. Nicht aus der Welt zu
schaffen sind identische Konzeptionen Hegels und Hölderlins wie die von der Wanderung des Weltgeistes von
einem Volk zum anderen[44]), vom Christentum als einer
vergänglichen Epoche[45]), vom »Abend der Zeit«[46]), der In-
nerlichkeit des unglücklichen Bewußtseins als einer Durch-
gangsphase. Bis in explizite Theoreme waren sie einig, etwa in der Kritik des Fichteschen absoluten Ichs als eines
Objektlosen und darum Nichtigen, die für den Übergang
des späten Hölderlin zu den Realien kanonisch muß gewesen sein. Heidegger, für dessen Philosophie ja das Verhältnis von Zeitlichem und Wesenhaftem, unter anderem Titel,
thematisch ist, spürte fraglos die Tiefe der Kommunikation
Hölderlins mit Hegel. Darum entwertet er sie so eifrig.
Durch den allzu prompten Gebrauch des Wortes Sein verdunkelt er, was er selber sah. In Hölderlin deutet sich an,
das Geschichtliche sei urgeschichtlich und zwar desto eindringlicher, je geschichtlicher es ist. Kraft dieser Erfahrung
erlangt in dem von ihm Gedichteten das bestimmte Seiende ein Gewicht, das der Heideggerschen Interpretation
a fortiori durchs Netz schlüpft. Wie Hölderlins Wahlver-
wandtem Shelley die Hölle eine Stadt ist, much like London; wie nachmals für Baudelaire die Moderne von Paris
ein Archetyp, so erblickt Hölderlin allerorten Korrespondenzen zwischen dem namentlichen Seienden und den

[44]) Vgl. a.a.O., S. 4.
[45]) Vgl. a.a.O., S. 134 ff.
[46]) a.a.O., S. 142.

Ideen. Das nach der Sprache jener Jahre Endliche soll, was die Seinsmetaphysik vergebens sich erhofft: die Namen, die dem Absoluten fehlen und in denen allein das Absolute wäre, über den Begriff führen. Etwas davon schwingt auch in Hegel mit, dem das Absolute nicht der Oberbegriff seiner Momente, sondern deren Konstellation ist, Prozeß so gut wie Resultat. Daher andererseits die Gleichgültigkeit der Hölderlinschen Hymnen gegen die dergestalt zur flüchtigen Erscheinung des Weltgeists herabgesetzten Lebendigen, die mehr als alles andere der Verbreitung seines Werkes im Wege war. Wann immer das Hölderlinsche Pathos der Namen von Seiendem, von Orten zumal, sich bemächtigt, wird den Lebenden durch den dichterischen Gestus, wie von Hegels Philosophie, bedeutet, sie seien bloße Zeichen. Das möchten sie nicht, es ist ihnen Todesurteil. Nicht um ein Geringeres jedoch konnte Hölderlin über die Ausdruckslyrik sich erheben, zu einem Opfer bereit, auf das dann die Ideologie des zwanzigsten Jahrhunderts begierig ansprach. Entscheidend allerdings divergiert seine Dichtung von der Philosophie, weil diese zur Negation des Seienden affirmativ Stellung bezieht, während Hölderlins Dichtung, kraft der Distanz ihres Formgesetzes von der empirischen Wirklichkeit, übers Opfer klagt, das sie erheischt. Die Differenz zwischen den Namen und dem Absoluten, die er nicht verdeckt und die als allegorische Brechung sein Werk durchfurcht, ist das Medium der Kritik an dem falschen Leben, wo der Seele ihr göttlich Recht nicht ward. Durch solche Distanz der Dichtung, ihr gesteigert idealisches Pathos, entragt Hölderlin dem idealistischen Bannkreis. Sie drückt mehr aus als je Gnomen, und als Hegel je gebilligt hätte; daß das Leben nicht die Idee, daß der Inbegriff des Seienden nicht das Wesen sei.

Die Attraktion, die Hölderlins Hymnik auf die Seinsphilosophie ausübt, hat viel zu tun mit der Stellung der

Abstrakta darin. Vorweg ähneln sie einladend dem Medium der Philosophie, die freilich, wenn sie ihre Idee des Gedichteten verbindlich faßte, gerade vor der Kontamination mit gedanklichem Material in der Dichtung zurückschrekken müßte. Andererseits heben die Hölderlinschen Abstrakta von den Begriffen kurrenten Wesens sich ab auf eine Weise, die leicht zu verwechseln ist mit jener, welche Sein unermüdlich über die Begriffe zu erhöhen trachtet. Aber die Hölderlinschen Abstrakta sind so wenig wie Leitworte Evokationen von Sein unmittelbar. Ihr Gebrauch wird determiniert von der Brechung der Namen. In diesen bleibt stets ein Überschuß dessen, was sie wollen und nicht erreichen. Kahl, in tödlicher Blässe verselbständigt er sich gegen sie. Die Dichtung des späten Hölderlin polarisiert sich in die Namen und Korrespondenzen hier, dort die Begriffe. Ihre allgemeinen Substantive sind Resultanten: sie bezeugen die Differenz des Namens und des beschworenen Sinnes. Ihre Fremdheit, die wiederum erst der Dichtung sie einverleibt, empfangen sie dadurch, daß sie von ihrem Widerpart, den Namen, gleichsam ausgehöhlt wurden. Sie sind Relikte, capita mortua dessen an der Idee, was nicht sich vergegenwärtigen läßt: noch in ihrer anscheinend zeitfernen Allgemeinheit Male eines Prozesses. Als solche aber so wenig ontologisch wie das Allgemeine in der Hegelschen Philosophie. Eher haben sie, nach deren Tenor, ihr eigenes Leben, und zwar kraft ihrer Entäußerung von der Unmittelbarkeit. Hölderlins Dichtung will die Abstrakta zu einer Konkretion zweiter Potenz zitieren. »Nun ist erstaunlich, wie an dieser Stelle, da doch das Volk auf das höchste abstrakt bezeichnet ist, aus dem Innern dieser Zeile eine fast Neugestalt des konkretesten Lebens sich erhebt.«[47]) Das provoziert, vor allem anderen, den Mißbrauch Hölderlins für die von Günther Anders so genannte Pseudokonkretion der

[47]) Walter Benjamin, Schriften II, Frankfurt 1955, S. 388.

neu-ontologischen Worte. Modelle solcher Bewegung der Abstrakta, oder genauer: allgemeinster Worte für Seiendes, schwebend zwischen diesem und der Abstraktion wie Hölderlins Lieblingswort Äther, sind häufig in den späten Hymnen. Im ›Quell der Donau‹: »Wenn aber / Herabgeführt, in spielenden Lüften, / Das heilige Licht, und mit dem kühleren Strahl / Der freudige Geist kommt zu / Der seligen Erde, dann erliegt es, ungewohnt / Des Schönsten, und schlummert wachenden Schlaf, / Noch ehe Gestirn naht. So auch wir.«[48]); in ›Germanien‹: »Vom Aether aber fällt / Das treue Bild und Göttersprüche regnen / Unzählbare von ihm, und es tönt im innersten Haine.«[49]); auch die See am Ende des ›Andenkens‹ ist solchen Wesens. Es ist der Gedankenlyrik so inkommensurabel wie der Erlebnisdichtung, und Hölderlins Eigentümlichstes; erzeugt, im Gegensatz zum begriffsfeindlichen Begriff der neuen Ontologie, aus der Sehnsucht nach dem fehlenden Namen wie aus der nach einer guten Allgemeinheit des Lebendigen, die Hölderlin als verhindert durch den Weltlauf, den arbeitsteiligen Betrieb erfährt. Noch seine Reminiszenzen an die halballegorischen Götternamen haben diesen Ton, nicht den des achtzehnten Jahrhunderts. In seinem dichterischen Gebrauch bekennen sie sich als geschichtlich, anstatt ein Jenseits der Geschichte zu verbildlichen. So Verse aus der achten Elegie von ›Brot und Wein‹:

Brot ist der Erde Frucht, doch ists vom Lichte gesegnet,
    Und vom donnernden Gott kommet die Freude des Weins.
Darum denken wir auch dabei der Himmlischen, die sonst
    Da gewesen und die kehren in richtiger Zeit,
Darum singen sie auch mit Ernst, die Sänger, den Weingott
    Und nicht eitel erdacht tönet dem Alten das Lob.[50])

[48]) Hölderlin, WW 2, a.a.O., S. 131.
[49]) a.a.O., S. 158.
[50]) a.a.O., S. 99.

Brot und Wein sind von den Himmlischen zurückgelassen als Zeichen eines samt ihnen Verlorenen und Erhofften. Der Verlust ist in den Begriff eingewandert und entreißt ihn dem schalen Ideal des allgemein Menschlichen. Die Himmlischen selbst sind kein unsterbliches An sich wie die Platonische Idee, sondern nur darum singen die Sänger von ihnen »mit Ernst«, ohne die eingespielte Glätte der Symbolik, weil sie »sonst« – also vor Zeiten – dagewesen sein sollen. Geschichte durchschneidet das Band, welches nach klassizistischer Ästhetik Idee und Anschauung im sogenannten Symbol verknüpft. Nur daß die Abstrakta die Illusion ihrer Versöhnlichkeit mit dem puren Diesda aufkündigen, schenkt ihnen jenes zweite Leben.

Es hat, unter den Kategorien des Gestaltlosen und vag sich Entziehenden, die Weimarer Klassizisten zu einer Wut gereizt, deren Folgen für Hölderlins Schicksal unabsehbar waren. Sie haben in Hölderlin nicht bloß die Antipathie gegen die ästhetische Harmonie des Endlichen und Unendlichen gewittert, die sie sich selbst nie ganz glauben konnten, weil sie mit Entsagung zu bezahlen war, sondern auch die Absage an die mittlere Ordnung des realen Lebens in den falschen Formen des Bestehenden. Indem Hölderlins Stilisationsprinzip gegen Erlebnis und Gelegenheit, gegen die vorkünstlerischen und vom Gebrauch der Welt verschandelten Elemente der Kunst sich zuspitzte, verging er sich gegen das mächtigste Tabu der idealistischen Kunstlehre. Er hat die Abstraktheit, die von deren Anschaulichkeit übertüncht ist, sichtbar werden lassen. Weil er den Schein entfernt, der sie schon bei ihnen war, macht er sich den Idealisten zum Narren, der im Wesenlosen sich umtreibt. War den klassizistischen Dichtern, auch Jean Paul, das einzelne Anschauliche Balsam für die Wunden, welche nach herrschender Ansicht die Reflexion schlägt, so ist dem Autor des Empedokles, gar nicht soviel anders als für Schopenhauer, umgekehrt das principium individuationis wesentlich negativ, Leiden. Auch Hegel hat es, darin einiger mit Schopenhauer, als beide ahnten, relegiert zum Knoten im Leben des Begriffs, der sich verwirklicht nur vermöge des Untergangs des Individuierten. Die Sphäre des unbildlich Allgemeinen war für Hölderlin wesentlich das Leidenlose; damit hat er es seiner Erfahrung eingebracht: »Ich verstand die Stille des Aethers, / Der Menschen Worte verstand ich nie.«[51]) Der Ekel vor der Kommunikation, den diese Zeilen aus der Kindheit überliefern, zeitigt in den späten Hymnen, als Konstituens der Form, den Vorrang der Abstrakta. Sie sind beseelt, weil sie eingetaucht waren ins Medium des Lebendigen, aus dem sie entführen sollen; ihr Tödliches, worüber der bürgerliche Geist sentimental sonst klagt, wird ins Rettende transfiguriert. Daraus ziehen sie den Ausdruck, der vom Einzelnen, nach Hölderlins Innervation, nur noch vorgetäuscht wird. Das schützt Hölderlin zugleich vorm Fluch der Idealisierung. Diese vergoldet stets das Einzelne. Sein Ideal jedoch wagt in der Gestalt der Sprache sich vor bis zur Absage ans schuldhafte, gespaltene, in sich antagonistische Leben, unversöhnlich allem Seienden. Bei Hölderlin ist das Ideal unvergleichlich viel weniger kontaminiert als bei den Idealisten. Kraft seiner individuellen Erfahrung von der Hinfälligkeit des Individuellen und der Vormacht des Allgemeinen emanzipieren sich die Begriffe von jener Erfahrung, anstatt sie bloß zu subsumieren. So werden sie beredt; daher der Hölderlinsche Primat von Sprache. Wie der Hegelsche Antinominalismus, das »Leben des Begriffs« ist auch der Hölderlins ein entsprungener, zum Nominalismus selber vermittelt und dadurch der Seinslehre entgegen. Die karg reduzierten Realien seiner späten Dichtung, die frugalen Sitten auf der armen Insel Patmos werden nicht verherrlicht wie

[51]) Hölderlin, WW 1, a.a.O., S. 262.

in Heideggers Satz: »Nahe ist der sachte Bann der allbekannten Dinge und ihrer einfachen Verhältnisse.«[52]) Diese
sind dem Seinsphilosophen das alte Wahre, als wäre der
historisch unter maßloser Not und Mühe gewonnene
Ackerbau ein Aspekt des Seins an diesem selbst; für Höl-
derlin sind sie, wie einst für Vergil und die Bukoliker, Ab-
glanz eines Unwiederbringlichen. Hölderlins Askese, sein
Verzicht auf den falschen romantischen Reichtum disponib-
ler Bildung, weigert in der Farbe des Farblosen sich der
Propaganda für die restaurative »Pracht des Schlichten«.[53])
Seine fernen Phantasmata des Nahen lassen nicht in der
Schatzkammer von Heimatkunst sich horten. Ihm bleibt das
Einfache und Allgemeine übrig nach dem Hinscheiden des
Nahen, wörtlich von Vater und Mutter, durchtränkt von
Trauer: »So bindet und scheidet / Manches die Zeit. Ich
dünk ihnen gestorben, sie mir. / Und so bin ich allein. Du
aber, über den Wolken, / Vater des Vaterlands! mächtiger
Aether! und du / Erd und Licht! ihr einigen drei, die walten und lieben, / Ewige Götter! mit euch brechen die Bande mir nie.«[54]) Dem Realen jedoch widerfährt Ehre, indem
Hölderlin es verschweigt, nicht bloß als Antipoetisches,
sondern weil das dichterische Wort Scham ergreift vor der
unversöhnten Gestalt dessen, was ist. Wie dem Idealismus weigert er sich dem dichterischen Realismus. Dieser ist,
was dessen östliche Ideologen heute krampfhaft vertuschen,
bürgerlich schlechthin, befleckt von jenem »Gebrauch«, jener Zurichtung von allem für alles, gegen die Hölderlin
angeht. Das realistische Prinzip der Dichtung verdoppelt
die Unfreiheit der Menschen, ihre Unterwerfung unter die
Maschinerie und deren latentes Gesetz, die Warenform.
Wer daran klebt, bezeugt nur, wie sehr mißlang, was er

[52]) Heidegger, a.a.O., S. 16.
[53]) Vgl. Th. W. Adorno, Jargon der Eigentlichkeit, Frankfurt 1964, S. 45.
[54]) Hölderlin, WW 2, a.a.O., S. 87.

der Menschheit als bereits Gelungenes einreden will. Hölderlin hat nicht mitgespielt. Daß er die symbolische Einheit des Kunstwerks zerschmetterte, mahnt an das Unwahre der Versöhnung von Allgemeinem und Besonderem inmitten des Unversöhnten: die klassizistische Gegenständlichkeit, welche auch die des objektiven Hegelschen Idealismus war, klammert sich vergebens an die leibhafte Nähe des Entfremdeten. Im Hang zum Gestaltlosen wird das formgebende, losgelöste, im doppelten Sinn absolute Subjekt seiner selber als Negativität inne, einer Vereinzelung, die doch keine Fiktion positiver Gemeinschaft tilgt. Kraft solcher dem puren Gedichteten innewohnenden Negativität wird diese im Geist ihres Bannes ledig, befestigt sich nicht länger in sich; das ist an der bei Hölderlin zentralen Idee des Opfers unvereinbar mit jenem Repressiven, das sonst an Opfern nicht sich genug tun kann:

> Denn selbstvergessen, allzubereit, den Wunsch
> Der Götter zu erfüllen, ergreift zu gern,
> Was sterblich ist und einmal offnen
> Auges auf eigenem Pfade wandelt,
> Ins All zurück die kürzeste Bahn, so stürzt
> Der Strom hinab, er suchet die Ruh, es reißt,
> Es ziehet wider Willen ihn von
> Klippe zu Klippe, den Steuerlosen,
> Das wunderbare Sehnen dem Abgrund zu.[55]

Derlei Perspektiven verwehren es, Koinzidenz und Spannung zwischen Hölderlin und der spekulativen Philosophie gegenüber einem mythisierten Dichterischen als Epiphänomen, als »Außenwerk der ›historischen‹ Erscheinungen«[56] abzutun. Sie reichen hinab bis dorthin, wo Heidegger My-

[55] a.a.O., S. 50.
[56] Heidegger, a.a.O., S. 86, Fußnote.

thisches gewahrt und, indem er es herausklaubt und fixiert, dessen Konstellation mit dem Wahrheitsgehalt entstellt.

Der Heideggerschen Methode wäre keine andere abstrakt zu kontrastieren. Falsch ist jene, insofern sie als Methode von der Sache sich losreißt; dem, was an Hölderlins Dichtung philosophisch bedürftig ist, von außen Philosophie infiltriert. Das Korrektiv wäre dort zu suchen, wo Heidegger, dem thema probandum zuliebe, abbricht, beim Verhältnis des Inhalts, auch des gedanklichen, zur Form. Nur in diesem Verhältnis konstituiert sich, was Philosophie an Dichtung hoffen darf, ohne Gewalt zu ergreifen. Gegenüber der schulmäßig rohen Trennung von Inhalt und Form hat die neuere Poetologie auf ihrer Einheit insistiert. Daß aber auch die Beteuerung unartikulierter Einheit von Form und Inhalt nicht länger zureicht, zeigt kaum an einem ästhetischen Gegenstand sich eindringlicher als an Hölderlin. Nur als gespannte zwischen ihren Momenten ist solche Einheit zu denken; sie sind zu unterscheiden, wenn sie im Gehalt zusammenstimmen sollen, schlechthin Getrenntes weder noch indifferent Identisches. Bei Hölderlin sind die gesetzten Inhalte überaus schwer zu nehmen und die Form nicht zu mißbrauchen als Ausrede für ihre Unverbindlichkeit. Anstatt auf Form vag sich zu berufen, ist zu fragen, was sie selber, als sedimentierter Inhalt, leistet. Dabei wird man zuerst darauf stoßen, daß die Sprache fernrückt. Bereits am Anfang von ›Brot und Wein‹ wird die stillschweigend vorausgesetzte epische Gegenständlichkeit von den sprachlichen Konfigurationen so tingiert, als wäre sie weit weg, bloßes Gedächtnis wie das Saitenspiel des Einsamen, der ferner Freunde gedenkt und der Jugendzeit. Die Sprache bekundet Abgeschiedenheit, die Trennung von Subjekt und Objekt für den Staunenden. Solcher Ausdruck ist unvereinbar mit der Reintegration des Getrennten im Ursprung. Vor dem Allbekannten reiben Hölderlins Verse sich gleichsam die Augen, als wäre es ein erstes Mal; Bekanntes wird durch den Vortrag unbekannt, sein Bekanntsein zum Schein wie in einem Distichon aus der ›Heimkunft‹: »Alles scheinet vertraut, der vorübereilende Gruß auch / Scheint von Freunden, es scheint jegliche Miene verwandelt.«[57]) So weit weg dann fragt das ›Andenken‹: »Wo aber sind die Freunde? Bellarmin / Mit dem Gefährten? Mancher / Trägt Scheue, an die Quelle zu gehn; / Es beginnet nämlich der Reichtum / Im Meere.«[58]) Während der Sinn dieser Verse getragen wird von der geschichtsphilosophischen Konstruktion, daß nur durch Ferne, Entäußerung hindurch der Geist zu sich selber gelange, wird die Fremdheit, als Gehalt, von der Sprachform ausgedrückt durch den Aufprall der Frage des gleichsam blind Einsamen nach den Freunden, in Versen, welche unmittelbar mit jener Frage in keinem Sinnzusammenhang stehen, sondern einzig in dem des Ausgesparten. Durch den Hiatus erst, die Form, wird der Inhalt zum Gehalt. In der ›Mnemosyne‹ ist einmal selbst auf jene Stütze des Sinnes noch verzichtet und der ausdrückende Hiatus rein in die Sprache verlegt, indem die ausmalende Antwort auf die Frage »Wie aber Liebes?« – wie nämlich Liebes gleich dem Wahren sich ereignen solle – ausgetilgt wird mit der zweiten und zerrütteten Frage »aber was ist dies?«[59]). Man wird aus dem Prinzip solcher Wirkungen den anhaltenden Gebrauch teils streng befolgter, teils abgewandelter antiker Strophen besser ableiten können als literarhistorisch aus dem Klopstockschen Modell. Diesem hat Hölderlin gewiß, wider die Gelegenheitsdichtung und den dinghaften Reim, das Ideal des hohen Stils abgelernt. Er war allergisch gegen das je zu Erwartende, vorweg schon Eingefangene und

[57]) Hölderlin, WW 2, a.a.O., S. 102.
[58]) a.a.O., S. 197.   [59]) a.a.O., S. 204 f.

Tauschbare des sprachlichen Convenus. Erniedrigung war ihm gerade das billige Air von Poesie, und ihm weigern sich die Odenstrophen. Sie nähern aber als reimlose in ihrer Strenge paradox sich der Prosa und werden dadurch der Erfahrung des Subjekts kommensurabler als die offiziell-subjektiven Reimstrophen. Ihre Rigidität wird beredter denn das scheinbar Flexiblere. Mit dem Übergang zu den freien Bildungen der späten Hymnen hat Hölderlin diese Tendenz explizit gemacht. Die reine Sprache, deren Idee sie konfigurieren, wäre Prosa wie die heiligen Texte. Schon die Strophen der noch unverstörten langen Elegien sind ihrer Fiber nach weniger solche und weniger willkürlich, als daß sie, ohne wie Liedertexte im mindesten nach musikhaften Wirkungen zu schielen, den Gliederungen der musikalischen Sonatenformen aus der gleichen Periode sich annähern, der nach Sätzen, diskret abgesetzten Einheiten im Einen. Unter der tektonischen Form, der er absichtsvoll sich beugte, bildet bei Hölderlin sich eine subkutane, unmetaphorisch komponierte. Eines von Hölderlins größten Gedichten, ›Patmos‹, kennt etwas wie eine Reprise, in welche die Strophe »Doch furchtbar ist, wie da und dort / Unendlich hin zerstreut das Lebende Gott«[60]) unmerklich übergeht: der Anklang der Zeile: »Und fernhin über die Berge zu gehn«[61]) an die erste Strophe läßt sich nicht überhören.

Große Musik ist begriffslose Synthesis; diese das Urbild von Hölderlins später Dichtung, wie denn Hölderlins Idee des Gesangs streng für die Musik gilt, freigelassene, verströmende Natur, die, nicht länger im Bann von Naturbeherrschung, eben dadurch sich transzendiert. Aber die Sprache ist, vermöge ihres signifikativen Elements, des Gegenpols zum mimetisch-ausdruckhaften, an die Form von Urteil und Satz und damit an die synthetische Funktion des Begriffs gekettet. Anders als in Musik, kehrt in der Dich-

[60]) a.a.O., S. 177.   [61]) a.a.O.

tung die begriffslose Synthesis sich wider das Medium: sie wird zur konstitutiven Dissoziation. Die traditionelle Logik der Synthesis wird darum von Hölderlin zart nur suspendiert. Benjamin hat deskriptiv mit dem Begriff der Reihe diesen Sachverhalt erreicht: » . . . so daß hier, um die Mitte des Gedichts, Menschen, Himmlische und Fürsten, gleichsam abstürzend aus ihren alten Ordnungen, zueinander gereiht sind«[62]). Was von Benjamin auf die Hölderlinsche Metaphysik als Ausgleich der Sphären der Lebendigen und der Himmlischen bezogen wird, nennt zugleich die sprachliche Verfahrungsweise. Während, wie Staiger mit Recht hervorhob, die Hölderlinsche, an der griechischen gestählte kühn durchgebildeter hypotaktischer Konstruktionen nicht enträt, fallen als kunstvolle Störungen Parataxen auf, welche der logischen Hierarchie subordinierender Syntax ausweichen. Unwiderstehlich zieht es Hölderlin zu solchen Bildungen. Musikhaft ist die Verwandlung der Sprache in eine Reihung, deren Elemente anders sich verknüpfen als im Urteil. Exemplarisch eine Strophe aus der zweiten Fassung des ›Einzigen‹. Von Christus wird gesagt:

> Es entbrennet aber sein Zorn; daß nämlich
> Das Zeichen die Erde berührt, allmählich
> Aus Augen gekommen, als an einer Leiter.
> Diesmal. Eigenwillig sonst, unmäßig
> Grenzlos, daß der Menschen Hand
> Anficht das Lebende, mehr auch, als sich schicket
> Für einen Halbgott, Heiliggesetztes übergeht
> Der Entwurf. Seit nämlich böser Geist sich
> Bemächtiget des glücklichen Altertums, unendlich,
> Langher währet Eines, gesangsfeind, klanglos, das
> In Maßen vergeht, des Sinnes Gewaltsames.[63])

[62]) Walter Benjamin, Schriften II, a.a.O., S. 385.
[63]) Hölderlin, WW 2, a.a.O., S. 167.

Die Anklage gegen die Gewalttat des sich zum Unendlichen gewordenen und sich vergottenden Geistes sucht nach einer Sprachform, welche dem Diktat von dessen eigenem synthesierenden Prinzip entronnen wäre. Daher das abgesprengte »Diesmal«; die rondohaft assoziative Verbindung der Sätze; die zweimal verwendete, vom späten Hölderlin überhaupt begünstigte Partikel »nämlich«. Sie rückt folgerungslose Explikation anstelle eines sogenannten gedanklichen Fortgangs. Das verschafft der Form ihren Vorrang über den Inhalt, auch den gedanklichen. Er wird ins Gedichtete transportiert, indem die Form ihm sich anbildet und das Gewicht des spezifischen Moments von Denken, der synthetischen Einheit, herabmindert. Derlei von der Fessel wegstrebende Gefüge finden sich an Hölderlins erhobensten Stellen, und zwar bereits in Gedichten aus der Zeit vor der Krise. So bei der Zäsur von ›Brot und Wein‹: »Warum schweigen auch sie, die alten heilgen Theater? / Warum freuet sich denn nicht der geweihete Tanz? / Warum zeichnet, wie sonst, die Stirne des Mannes ein Gott nicht, / Drückt den Stempel, wie sonst, nicht dem Getroffenen auf? / Oder er kam auch selbst und nahm des Menschen Gestalt an / Und vollendet' und schloß tröstend das himmlische Fest.«[64] Der geschichtsphilosophische Rhythmus, der den Sturz der Antike und das Erscheinen Christi zusammenfügt, wird unterbrechend markiert durch das Wort »Oder«; dort, wo das Bestimmteste genannt ist, die Katastrophe, wird diese Bestimmung als vorkünstlerisch, als bloß gedanklicher Inhalt, nicht in fester Urteilsform behauptet, sondern gleich einer Möglichkeit vorgeschlagen. Der Verzicht auf prädikative Behauptung nähert ebenso den Rhythmus einem musikalischen Verlauf an, wie er den Identitätsanspruch der Spekulation mildert, die sich an-

[64]) a.a.O., S. 97.

heischig macht, Geschichte in ihre Identität mit dem Geist aufzulösen. Die Form reflektiert nochmals den Gedanken, als wäre es bereits Hybris, das Verhältnis von Christentum und Antike thetisch zu fixieren. Unter Parataxe sind aber nicht nur, eng, die mikrologischen Gestalten reihenden Übergangs zu denken. Wie in Musik ergreift die Tendenz größere Strukturen. Hölderlin kennt Formen, die, in erweitertem Sinn, insgesamt parataktisch heißen dürften.[65]) Die bekannteste unter ihnen ist ›Hälfte des Lebens‹. Auf eine an Hegel mahnende Weise sind Vermittlungen des vulgären Typus, ein Mittleres außerhalb der Momente, die es verbinden soll, als äußerlich und unwesentlich eliminiert, wie vielfach in Beethovens Spätstil; nicht zuletzt das verleiht Hölderlins später Dichtung ihr Antiklassizistisches, gegen Harmonie sich Sträubendes. Das Gereihte ist als Unverbundenes schroff nicht weniger denn gleitend. Vermittlung wird ins Vermittelte selbst gelegt anstatt zu über-

---

[65]) Die Konkretion des Gedichteten, deren Desiderat auch für Hölderlin verbindlich war – sein gesamtes reifes Werk fragt stumm, wie es der Dichtung, die des Trugs von Nähe sich entschlagen hat, gleichwohl möglich sei, konkret zu werden –, geschieht einzig durch die Sprache. Ihre Funktion bei Hölderlin überwiegt qualitativ die übliche der poetischen. Kann seine Dichtung weder dem dichterisch gewählten Wort noch der lebendigen Erfahrung naiv mehr vertrauen, so erhofft sie sich leibhafte Gegenwart von der Konstellation der Worte und zwar eben einer, die nicht ihr Genügen hat an der Urteilsform. Diese nivelliert, als Einheit, die in den Worten liegende Vielfalt; Hölderlin ist auf Verbindungen aus, welche die zur Abstraktion verurteilten Worte gleichwie ein zweites Mal zum Klingen bringt. Paradigmatisch dafür, und von außerordentlicher Wirkung, jene erste Elegie aus ›Brot und Wein‹. Nicht restituiert sie die einfachen und allgemeinen Worte, mit denen sie haushält, sondern fügt sie aneinander auf eine Weise, welche ihre eigene Fremdheit, ihr Einfaches als bereits Abstraktes, umschafft zum Ausdruck von Entfremdung. Solche Konstellationen spielen ins Parataktische hinüber, auch wo es, der grammatischen Form oder der Konstruktion der Gedichte nach, noch nicht ungeschmälert sich hervorwagt.

brücken. Jede der beiden Strophen der ›Hälfte des Lebens‹
bedarf, wie Beissner und neuerdings Szondi betont haben, in
sich ihres Gegenteils. Auch darin erweist Inhalt und Form
bestimmbar sich als eines; die inhaltliche Antithese von
sinnhafter Liebe und Geschlagensein bricht, um Ausdruck
zu werden, ebenso die Strophen auseinander, wie umgekehrt die parataktische Form den Schnitt zwischen den
Hälften des Lebens selbst erst vollzieht.

Die parataktische Tendenz Hölderlins hat ihre Vorge-
schichte. Vermutlich spielt die Beschäftigung mit Pindar
ihre Rolle.[66] Gern knüpft dieser an die Namen der verherrlichten Sieger, ihrer Fürsten oder der Orte, von denen sie
stammen, Berichte über mythische Ahnen oder Ereignisse
an. Jüngst ist diese Eigentümlichkeit als zugleich formales
Moment betont worden von Gerhard Wirths Pindareinlei-
tung in der Rowohlt-Anthologie griechischer Lyrik: »Dabei stehen die einzelnen Teile dieser oft weit ausholenden
Ausdeutungen in losem Zusammenhang, werden kaum verknüpft oder auseinander entwickelt.«[67] Analoges wurde
auch an anderen Chorlyrikern wie Bakchylides und Alk-
man beobachtet[68]. Das erzählende Moment der Sprache
entzieht von sich aus sich der Subsumtion unter den Gedanken; je treuer episch die Darstellung, desto mehr lockert
sich die Synthesis angesichts der Pragmata, die sie nicht
ungeschmälert beherrscht. Das Eigenleben der Pindarischen
Metaphern gegenüber dem mit ihnen Bedeuteten, das gegenwärtig in der klassischen Philologie diskutiert wird; die

[66] Nach Peter Szondis Mitteilung hat Hellingrath in der Dissertation
›Pindarübertragungen Hölderlins‹ (1910) als erster dessen späte Sprache
mit dem Terminus der antiken Rhetorik »harte Fügung« beschrieben.
Eines ihrer Mittel wäre wohl auch der Hiatus.

[67] Griechische Lyrik. Von den Anfängen bis zu Pindar, Rowohlt
1963, S. 163.

[68] Vgl. a.a.O., S. 243.

Formation eines strömenden Kontinuums von Bildern, dürfte dem nächstverwandt sein. Was am Gedicht zur Erzählung tendiert, möchte hinab ins prälogische Medium, sich treiben lassen mit der Zeit. Der Logos hatte diesem Entgleitenden des Berichts um dessen Objektivation willen entgegengewirkt; die späte dichterische Selbstreflexion Hölderlins ruft es herauf. Auch darin konvergiert sie aufs erstaunlichste mit der Textur von Hegels Prosa, die, im paradoxen Widerspruch zur systematischen Absicht, ihrer Gestalt nach den Klammern der Konstruktion desto mehr sich entwindet, je vorbehaltloser sie sich, dem Programm der Einleitung der Phänomenologie gemäß, dem »reinen Zusehen« überläßt, und Logik ihr zur Geschichte wird.[69]) Nicht zu überhören ist das Pindarische Modell in der Patmos-Hymne, der großartigsten parataktischen Struktur aus Hölderlins Hand; etwa dort, wo die Beschreibung der armen und gastfreundlich tröstenden Insel, auf welcher der Dichter Zuflucht sucht, assoziativ die Erzählung von Johannes auslöst, der dort weilte: »... und liebend tönt / Es wider von den Klagen des Manns. So pflegte / Sie einst des gottgeliebten, / Des Sehers, der in seliger Jugend war / Gegangen mit / dem Sohne des Höchsten, unzertrennlich, denn / Es liebte der Gewittertragende die Einfalt / Des Jüngers.«[70])

Aber Hölderlins reihende Technik ist schwerlich aus Pindar abzuleiten, sondern hat ihre Bedingung in einer eingewurzelten Verhaltensweise seines Geistes. Es ist die Fügsamkeit. Ältere Kommentatoren[71]), philosophisch arglos und noch ungewarnt vor Psychologie, haben auf den Unterschied

[69]) Vgl. Th. W. Adorno, Drei Studien zu Hegel, Frankfurt 1963, S. 159 f.

[70]) Hölderlin, WW 2, a.a.O., S. 175.

[71]) Vgl. Marie Joachimi-Dege, Lebensbild, in: Hölderlins Werke, Deutsches Verlagshaus Bong & Co., Berlin, Leipzig, usw., o. J., insbes. S. XLII f.

des Hölderlinschen Entwicklungsgangs vom typischen der Dichter aufmerksam gemacht. Die Härte seines Schicksals sei nicht von Rebellion gezeitigt worden, sondern von allzu großer Abhängigkeit von den Mächten seiner Herkunft, zumal der Familie. Tatsächlich führt das recht weit. Hölderlin hat die Ideale, die man ihn lehrte, geglaubt, als autoritätsfrommer Protestant zur Maxime verinnerlicht. Danach mußte er erfahren, daß die Welt anders ist als die Normen, die sie ihm einpflanzte. Der Gehorsam gegen diese trieb ihn in den Konflikt, machte ihn zum Anhänger Rousseaus und der Französischen Revolution, am Ende zum nichtkonformierenden Opfer, stellvertretend für die Dialektik der Verinnerlichung im bürgerlichen Zeitalter. Die Sublimierung primärer Fügsamkeit aber zur Autonomie ist jene oberste Passivität, die ihr formales Korrelat in der Technik des Reihens fand. Die Instanz, der Hölderlin nun sich fügt, ist die Sprache. Losgelassen, freigesetzt, erscheint sie nach dem Maß subjektiver Intention parataktisch zerrüttet. Der Schlüsselcharakter des Parataktischen liegt in Benjamins Bestimmung der »Blödigkeit« als der Haltung des Dichters: »In die Mitte des Lebens versetzt, bleibt ihm nichts als das reglose Dasein, die völlige Passivität, die das Wesen des Mutigen«[72]) sei. Bei Hölderlin selbst findet sich eine Reflexion, welche über die poetische Funktion des parataktischen Verfahrens das vollste Licht verbreitet: »Man hat Inversionen der Worte in der Periode. Größer und wirksamer muß aber dann auch die Inversion der Perioden selbst sein. Die logische Stellung der Perioden, wo dem Grunde (der Grundperiode) das Werden, dem Werden das Ziel, dem Ziele der Zweck folgt, und die Nebensätze immer nur hinten angehängt sind an die Hauptsätze, worauf sie sich zunächst beziehen, –

[72]) Benjamin, Schriften II, a.a.O., S. 399.

ist dem Dichter gewiß nur höchst selten brauchbar.«[73])
Hölderlin verwirft damit die syntaktische Periodizität Cice-
ronischen Wesens als unbrauchbar für die Dichtung. Primär
mochte ihn die Pedanterie abstoßen. Sie ist unvereinbar
mit der Begeisterung, von welcher die folgenden Apho-
rismen handeln, dem heiligen Wahn des Phaidros. Motiviert aber wird Hölderlins Überlegung von mehr als der
poetischen Aversion gegen das Prosaische. Das Stichwort
lautet »Zweck«. Es nennt die Komplizität der Logik ord-
nenden und verfügenden Bewußtseins mit jenem Praktischen, das, als »Brauchbares«, nach Hölderlins Vers, mit
dem Heiligen, dessen Rang er der Dichtung unmetaphorisch zumißt, von nun an nicht mehr versöhnbar sei. Der
Logik dicht geschlossener und notwendig ins Nächste mün-
dender Perioden eignet eben jenes Zwangshafte, Gewalt-
tätige, von dem die Dichtung heilen soll und das von der
Hölderlinschen unmißverständlich negiert wird. Sprachliche
Synthesis widerspricht dem, was er zum Sprechen bringen
will. Der Rousseau verehrte, befolgt darum als Dichter
nicht länger den contrat social. Er hat, nach dem Wortlaut
jener Reflexion, zunächst im Geist von Dialektik gegen
die Syntax syntaktisch sich gewandt, mit einem ehrwürdig traditionellen Kunstmittel, der Inversion der Periode. So hat Hegel kraft der Logik, und ihr immanent,
gegen sie protestiert. Die parataktische Auflehnung wider
die Synthesis hat ihre Grenze an der synthetischen Funktion von Sprache überhaupt. Visiert ist Synthesis von anderem Typus, deren sprachkritische Selbstreflexion, während die Sprache Synthesis doch festhält. Deren Einheit zu
brechen, wäre dieselbe Gewalttat, welche die Einheit verübt; aber die Gestalt der Einheit wird von Hölderlin
so abgewandelt, daß nicht bloß das Mannigfaltige in ihr

---

[73]) Hölderlin, Sämtliche Werke, Inselausgabe, Leipzig, o. J., S. 761.

widerscheint – das ist in der herkömmlichen synthetischen Sprache ebenfalls möglich –, sondern daß die Einheit selber anzeigt, sie wisse sich als nicht abschlußhaft. Ohne Einheit wäre in der Sprache nichts als diffuse Natur; absolute Einheit war der Reflex darauf. Demgegenüber zeichnet bei Hölderlin sich ab, was erst Kultur wäre: empfangene Natur. Nur ein anderer Aspekt desselben Sachverhalts ist es, daß Hölderlins parataktische Sprache unters Formapriori fällt: Stilmittel. An der rhetorischen Technik mußte der Künstler, ohne daß wohl seine Reflexionen dazu überliefert wären, beobachten, wie sehr sie verkleidet, wie wenig sie ändert an dem logischen Zwang, welcher dem Ausdruck der Sache widerfährt; ja daß die Inversion, Favorit gelehrter Dichtung, die Gewalt wider die Sprache verstärkt. Das veranlaßte, sei's in Hölderlins Absicht, sei's lediglich aus der Sache heraus, das Opfer der Periode bis zu einem Äußersten. Es vertritt dichterisch das des gesetzgebenden Subjekts selbst. Mit ihm erschüttert in Hölderlin die dichterische Bewegung erstmals die Kategorie des Sinnes. Denn dieser konstituiert sich durch den sprachlichen Ausdruck synthetischer Einheit. Mit dem gesetzgebenden Subjekt wird dessen Intention, der Primat des Sinnes, an die Sprache zediert. Ihr Doppelcharakter enthüllt sich in Hölderlins Dichtung. Als begriffliche und prädikative steht Sprache dem subjektiven Ausdruck entgegen, nivelliert das Auszudrückende auf ein je schon Vorgegebenes und Bekanntes vermöge ihrer Allgemeinheit. Dagegen begehren die Dichter auf. Ohne Unterlaß möchten sie der Sprache, bis zu deren Untergang hin, das Subjekt und seinen Ausdruck einverleiben. Etwas davon hat fraglos auch Hölderlin inspiriert, insofern er dem sprachlichen Convenu widerstand. Aber das verschmilzt in ihm mit der Antithesis zum expressiven Ideal. Seine dialektische Erfahrung weiß von der Sprache nicht bloß als von einem Äußerlichen und Repressiven, sondern kennt ebensowohl ihre Wahrheit. Ohne zur Sprache sich zu entäußern, wäre die subjektive Intention überhaupt nicht. Das Subjekt wird es erst durch Sprache. Hölderlins Sprachkritik bewegt sich darum in der Gegenrichtung zum Subjektivierungsprozeß, ähnlich wie man sagen könnte, daß Beethovens Musik, in welcher das kompositorische Subjekt sich emanzipiert, zugleich ihr geschichtlich prästabiliertes Medium, die Tonalität, selber zum Sprechen bringt, anstatt sie vom Ausdruck her einzig zu negieren. Vorm Konformismus, dem »Gebrauch«, hat Hölderlin die Sprache zu erretten getrachtet, indem er aus subjektiver Freiheit sie selbst über das Subjekt erhob. Damit zergeht der Schein, die Sprache wäre schon dem Subjekt angemessen, oder es wäre die sprachlich erscheinende Wahrheit identisch mit der erscheinenden Subjektivität. Die sprachliche Verfahrungsweise findet sich mit dem Antisubjektivismus des Gehalts zusammen. Sie revidiert die trügende mittlere Synthesis vom Extrem, von der Sprache selbst her; korrigiert den Vorrang des Subjekts als des Organons solcher Synthesis. Hölderlins Vorgehen legt Rechenschaft davon ab, daß das Subjekt, das sich als Unmittelbares und Letztes verkennt, durchaus ein Vermitteltes sei. Diese unabsehbar folgenreiche Änderung des sprachlichen Gestus ist jedoch polemisch zu verstehen, nicht ontologisch; nicht so, als ob die im Opfer der subjektiven Intention bekräftigte Sprache an sich, schlechterdings jenseits des Subjekts wäre. Indem die Sprache die Fäden zum Subjekt durchschneidet, redet sie für das Subjekt, das von sich aus – Hölderlin war wohl der erste, dessen Kunst das ahnte – nicht mehr reden kann. Freilich ist in der dichterischen Sprache, die ja ihrer Beziehung auf die empirische nicht vollends sich entledigen kann, ein solches An sich aus reiner subjektiver Velleität nicht herzustellen. Daher einerseits die Abhängigkeit des Hölderlinschen Unterfangens von griechischer Bildung überall, wo bei ihm Sprache Natur werden will; andererseits das Moment des Zerfallenden, worin die Unerreichbarkeit des sprachlichen Ideals sich offenbart. Romantisch ist Hölderlins Aktion, Sprache selbst zum Sprechen zu bringen, sein Objektivismus. Dieser prägt das Gedichtete zum Ästhetischen und schließt dessen Interpretation als die eines Unmittelbaren, als der vorgeblichen Sage, kategorisch aus. Hölderlins intentionslose Sprache, deren »nackter Fels ... schon überall an den Tag tritt«[74]), ist ein Ideal, das der geoffenbarten. Nur als zum Ideal verhält seine Dichtung sich zur Theologie, surrogiert sie nicht. Die Distanz von ihr ist das eminent Moderne an ihm. Der idealische Hölderlin inauguriert jenen Prozeß, der in die sinnleeren Protokollsätze Becketts mündet. Das wohl gestattet, Hölderlin heute so unvergleichlich viel weiter zu begreifen als ehedem.

Im tiefsten Verhältnis zum parataktischen Verfahren stehen die Hölderlinschen Korrespondenzen, jene plötzlichen Beziehungen antiker und moderner Schauplätze und Figuren. Auch Beissner ist auf Hölderlins Neigung aufmerksam geworden, Zeiten durcheinander zu schütteln, Entlegenes und Unverbundenes zu verbinden; das dem Diskursiven entgegengesetzte Prinzip solcher Assoziation mahnt an die Reihung grammatischer Glieder. Beides hat Dichtung der Zone des Wahnsinns abgezwungen, in der die Gedankenflucht ebenso gedeiht wie die Bereitschaft mancher Schizophrener, ein jegliches Reales als Zeichen eines Verborgenen zu sehen, mit Bedeutung zu laden. Dazu treibt der objektive Gehalt ohne Rücksicht auf Klinisches: unterm Hölderlinschen Blick werden geschichtliche Namen zu Allegorien des Absoluten, das doch in keinem sich erschöpft; wohl

[74]) Walter Benjamin, Deutsche Menschen. Eine Folge von Briefen, Frankfurt 1962, S. 41.

dort schon, wo ihm der Friede von Lunéville Manifestation eines dessen geschichtliche Bedingtheiten Überschreitenden ward. Ebenso nähert dem Wahn sich Hölderlins reife Sprache als eine Folge von Störungsaktionen, die sie an der gesprochenen ebenso wie am hohen Stil des deutschen Klassizismus verübt, der, bis auf die mächtigsten Gebilde des alten Goethe, mit dem kommunikativen Wort Kameradschaft hielt. Auch in der Form hat die Hölderlinsche Utopie ihren Zoll zu entrichten. Trifft die These Beissners von der durchweg triadischen Struktur der späten Hymnen zu – die sogenannte strophische Gliederung der vorhergehenden großen Elegien spricht für Formprinzipien eines solchen Typus –, dann hatte Hölderlin es bereits mit der höchst modernen Schwierigkeit artikulierter Konstruktion unter Verzicht auf vorgegebene Schemata zu tun. Das triadische Konstruktionsprinzip jedoch wäre dem Verlauf der Dichtung, unvereinbar mit ihrem Gehalt, von obenher aufgepfropft. Es hätte auch dem Versgefüge widersprochen. Bereits den Artisten Hölderlin träfe Rudolf Borchardts Kritik an den aus Blankversen gebildeten, aber regelmäßig gebauten Strophen in Georges Siebentem Ring: »Der reimlose Vers ist behandelt, als stäufte und dämmte ihn der heilige Reimzwang nach rückwärts auf. Die Strophe schließt so unweigerlich nach acht Zeilen, als hätte ein Umlauf der Form sich erfüllt, der nicht da ist; was da ist, mindestens mehr oder weniger, ist ein Umlauf des Gedankens, aber es ist Sache des künstlerischen Gefühls, zu entscheiden, ob er imstande ist, für sich Strophe zu konstituieren oder ob nicht gerade hier das feine Ungefähr eintreten müßte, das auf Ähnlichkeit, nicht Gleichheit dringt.«[75]) Die Reflexion auf diesen Mangel könnte recht wohl den fragmentarischen Charakter der großen Hymnen erklären helfen: sie

[75]) Rudolf Borchardts Schriften, Prosa I, Berlin 1920, S. 143.

wären konstitutiv unvollendbar. Hölderlins Verfahren kann Antinomien nicht entrinnen, so wie es, als Attentat aufs harmonische Werk, von dessen antinomischem Wesen selber ausgeht[76]). Kritik an Hölderlin, als eine am Wahrheitsgehalt der Hymnen, müßte deren geschichtsphilosophische Möglichkeit untersuchen und damit die der von Hölderlin visierten Theologie. Solche Kritik wäre der Dichtung nicht transzendent. Die ästhetischen Handstreiche, von der quasi-quantitativen Strophenteilung der großen Elegien bis hinauf zu den triadischen Konstruktionen, sind Zeugnisse einer Unmöglichkeit im Innersten. Weil die Hölderlinsche Utopie nicht im Hegelschen Sinn substantiell, nicht im objektiven Geist der Epoche konkretes Potential der Wirklichkeit ist, muß Hölderlin durchs Stilisationsprinzip sie oktroyieren. Dessen Widerspruch zur dichterischen Gestalt selber wird zu deren Mangel. Prototypisch widerfuhr der Hymnik, was hundert Jahre später dem Jugendstil als Kunstreligion zum offenbaren Verhängnis wurde. Je nachhaltiger aber der lyrische Objektivitätsanspruch Hölderlins; je weiter er sich von der subjektiven Ausdruckslyrik um ihrer Hinfälligkeit willen entfernt, desto schmerzlicher wird sein Werk vom Widerspruch zu sei-

[76]) Wie sehr Hölderlins Verfahrungsweise aus einem objektiven Konflikt resultiert, dafür ist symptomatisch etwa, daß er immer wieder, verlockt von der gestischen Fülle der griechischen Partikeln, mit pseudologischen Formen arbeitet. Als wäre einer erlernten Pflicht zu genügen, bereiten sie den Schein von Synthesis dort, wo die Reihung Logik verneint: so der Gebrauch des Wortes ›denn‹ in der Elegie ›Täglich geh ich heraus‹. Der Formenreichtum, den Hölderlin der Antike ablernte und der in den parataktischen Gefügen überlebt, ist zur Parataxis die Gegeninstanz; den Psychiatern ein Restitutionsphänomen. Aus den Gedichten der eigentlichen Wahnsinnszeit ist sie verschwunden. Wer Hölderlins Wahnsinn aus seiner Kunst ableiten wollte, wie Groddeck Beethovens Taubheit aus dessen Musik, mag ätiologisch irren, jedoch mehr vom Gehalt öffnen als die subalterne klinische Richtigkeit.

ner Möglichkeit geschlagen, dem zwischen der Objektivität, welche es von der Sprache erhofft, und der Weigerung der dichterischen Fiber, sie voll zu gewähren. – Was jedoch in der Abkehr vom Subjekt Hölderlins Sprache an Intentionen einbüßt, kehrt wieder im Sinn der Korrespondenzen. Ihr Pathos, das der Objektivation des Namens, ist maßlos: »Wie Morgenluft sind nämlich die Namen / Seit Christus. Werden Träume.«[77]) Das griechisch-deutsche quid pro quo, das übrigens im Helena-Akt ein gewisses Analogon hat, entreißt das kanonische Griechenland der Ideenwelt, wider die idealistische Ästhetik. Danach muß das gesamte Zeitalter begehrt haben, das am griechischen Freiheitskampf sich begeisterte; er schien zum letzten Mal den hindämmernden Hölderlin aus der Lethargie zu holen. Ein Atlas von Hölderlins allegorischer Geographie Griechenlands, samt den süddeutschen Gegenpunkten, wäre anzulegen. In den rationaler Kontrolle entrückten Korrespondenzen hat Hölderlin das Rettende sich erhofft. Der Name allein hat bei ihm Macht übers Amorphe, das er fürchtet; insofern sind seine Parataxen und Korrespondenzen Widerpart der Regressionen, mit denen sie so sehr übereinkommen. Der Begriff selber wird ihm zum Namen; in ›Patmos‹ wird beides nicht unterschieden, sondern synonym verwendet: »Denn begrifflos ist das Zürnen der Welt, namlos.«[78]) Die Verselbständigung der Abstrakta, nicht unähnlich der Hegelschen Lehre von der Wiederherstellung der Unmittelbarkeit auf jeder Stufe dialektischer Vermittlung, läßt die nach Benjamins Wort wie trigonometrische Signale[79]) aufgerichteten Begriffe mit den Namen konvergieren; die Dissoziation in diese ist die innerste Tendenz der Hölderlinschen Parataxis.

[77]) Hölderlin, WW 2, a.a.O., S. 190.
[78]) a.a.O., S. 195.
[79]) Vgl. Walter Benjamin, Deutsche Menschen, a.a.O., S. 41.

Wie mit den Korrespondenzen, ist das parataktische Formprinzip, ein Antiprinzip, insgesamt kommensurabel mit dem faßlichen Inhalt von Hölderlins später Lyrik. Es umschreibt die Sphäre der Koinzidenz von Inhalt und Form, deren bestimmte Einheit im Gehalt. Dem Inhalt nach ist Synthesis oder Identität soviel wie Naturbeherrschung. Erhebt alle Dichtung, mit ihren eigenen Mitteln, Einspruch wider jene, so erwacht der Einspruch bei Hölderlin zum Selbstbewußtsein. Schon in der Ode ›Natur und Kunst‹ wird Partei ergriffen für die gestürzte Natur gegen den herrschaftlichen Logos. Zeus ist angeredet:

> Doch in den Abgrund, sagen die Sänger sich,
>   Habst du den heilgen Vater, den eignen, einst
>   Verwiesen und es jammre drunten,
>   Da, wo die Wilden vor dir mit Recht sind,
> Schuldlos der Gott der goldenen Zeit schon längst:
>   Einst mühelos, und größer, wie du, wenn schon
>   Er kein Gebot aussprach und ihn der
>   Sterblichen keiner mit Namen nannte.
> Herab denn! oder schäme des Danks dich nicht!
> Und willst du bleiben, diene dem Älteren,
>   Und gönn es ihm, daß ihn vor allen,
>   Göttern und Menschen, der Sänger nenne![80])

In diesen Strophen, die ihrer Abkunft von der Schillerschen Gedankenlyrik keineswegs sich schämen, bleibt bei aller Sympathie fürs Mühelose der goldenen Zeit die Grenze gegen matriarchale Romantik aufklärerisch geachtet. Nicht wird die Herrschaft des Logos abstrakt negiert, sondern in ihrer Beziehung auf das von ihr Gestürzte erkannt; Naturbeherrschung selber als ein Stück Natur,

[80]) Hölderlin, WW 2, a.a.O., S. 38.

mit dem Blick auf Humanität, die anders nicht als durch Gewalt dem Amorphen, »Wilden« sich entrang, während in der Gewalt das Amorphe sich forterbt:

> Denn, wie aus dem Gewölke dein Blitz, so kömmt
> Von ihm, was dein ist, siehe! so zeugt von ihm,
> Was du gebeutst, und aus Saturnus
> Frieden ist jegliche Macht erwachsen.[81]

Philosophisch ist die Anamnesis der unterdrückten Natur, in der Hölderlin bereits das Wilde vom Friedlichen sondern möchte, das Bewußtsein von Nichtidentität, das den Identitätszwang des Logos überflügelt. Die dritte Fassung von ›Versöhnender, der du nimmer geglaubt...‹ bringt die Verse: »Denn nur auf menschliche Weise, nimmermehr / Sind jene mit uns, die fremden Kräfte, vertraut / Und es lehret das Gestirn dich, das / Vor Augen dir ist, denn nimmer kannst du ihm gleichen.«[82] Unterm »ungebundenen Boden« der ›Patmos‹-Entwürfe[83] ist schwerlich etwas anderes vorzustellen als die nicht unterdrückte Natur, in welche die Johanneische Milde auswandert. Naturbeherrschung selbst nähert in der Hölderlinschen Bilderwelt sich der Erbsünde; das ist das Maß seines Einverständnisses mit dem Christentum. Der Anfang der dritten Fassung der ›Mnemosyne‹, vielleicht des wichtigsten Textes zu Hölderlins philosophischer Dechriffrierung, reiht die Sätze: »Aber bös sind / Die Pfade. Nämlich unrecht, / Wie Rosse, gehn die gefangenen / Element und alten / Gesetze der Erd. Und immer / Ins Ungebundene gehet eine Sehnsucht.«[84]. Das anschließende »Vieles aber ist /

[81] a.a.O.
[82] a.a.O., S. 142.
[83] a.a.O., S. 189.
[84] a.a.O., S. 206.

Zu behalten«, die Legitimation des Dichters als des Eingedenkenden, gilt danach wohl ebenso dem Unterdrückten, dem die Treue zu bewahren sei. Die Strophe endet mit den Zeilen: »Vorwärts aber und rückwärts wollen wir / Nicht sehn. Uns wiegen lassen, wie / Auf schwankem Kahne der See.«[85]) Vorwärts nicht: unter dem Gesetz des Gegenwärtigen, bei Hölderlin dem der Dichtung, mit einem Tabu gegen die abstrakte Utopie, in dem das theologische Bilderverbot nachlebt und das Hölderlin teilt mit Hegel und Marx. Rückwärts nicht: um der Unwiederbringlichkeit des einmal Gestürzten willen, des Angelpunktes zwischen Dichtung, Geschichte und Ideal. Der als Anakoluth und in wunderlicher Verkehrung ausgedrückte Entschluß endlich »Uns wiegen lassen, wie / Auf schwankem Kahne der See« ist wie ein Vorsatz, der Synthesis sich zu entschlagen, der reinen Passivität sich anzuvertrauen, um Gegenwart ganz zu erfüllen. Denn alle Synthesis – keiner wußte das besser als Kant – geschieht wider die reine Gegenwart, als Beziehung aufs Vergangene und Künftige, jenes Rückwärts und Vorwärts, das von Hölderlins Tabu ereilt wird.

Die Parole, nicht nach rückwärts zu sehen, richtet sich gegen die Schimäre des Ursprungs, den Rekurs auf Elemente. Benjamin hat in seiner Jugend, obgleich ihm damals noch Philosophie als System möglich dünkte[86]), das gestreift. Das Programm einer Methode der »Darstellung des Gedichteten«, doch wohl von der Einsicht in Hölderlin inspiriert, sagt von jener: »Ihr kann es nicht um den Nachweis sogenannter letzter Elemente zu tun sein.«[87]) Er ist damit unwillkürlich auf die dialektische Komplexion des Gehalts von Hölderlins Dichtung gestoßen. Die Hölderlinsche Kritik

[85]) a.a.O.
[86]) Vgl. Walter Benjamin, Über das Programm der kommenden Philosophie, in: Zeugnisse, Frankfurt 1963, S. 33 ff.
[87]) Walter Benjamin, Schriften II, a.a.O., S. 378.

am Ersten, den Nachdruck auf Vermittlung, den dessen Abkehr vom naturbeherrschenden Prinzip einschließt, übersetzt er in die Methode ästhetischer Interpretation. Daß, wie in Hegels Logik, Identität nur als eine des Nichtidentischen, als »Durchdringung« vorzustellen sei, kommt mit Hölderlins später Dichtung insofern überein, als diese nicht dem herrschaftlichen Prinzip, in abstrakter Negation, das Beherrschte, an sich Chaotische als Heiles entgegensetzt. Einen Stand von Freiheit erwartet Hölderlin nur durchs synthetische Prinzip hindurch, von dessen Selbstreflexion. Im selben Geist hatte bereits das Kantische Antinomienkapitel, wo erstmals Freiheit in ihrer Opposition zur universalen Regelhaftigkeit erörtert wird, gelehrt, sie, die Unabhängigkeit von den Gesetzen der Natur sei »zwar eine Befreiung vom Zwange, aber auch vom Leitfaden aller Regeln«[88]), also ein fragwürdiger Segen. Er erklärt das in der Antithesis der dritten Antinomie als »Blendwerk« designierte Prinzip solcher Freiheit für ebenso blind wie die bloß von außen aufgelegten Ordnungen. Von der Doppelstellung zur Natur ist die Ära unmittelbar nach Kant nicht abgegangen. Zur Eindeutigkeit ließ die Spekulation sich nicht verleiten, weder zur absoluten Rechtfertigung der Natur noch der des Geistes; beides ist ihr gleich verdächtig als abschlußhaftes Prinzip. Die Spannung beider Momente, keine These, ist das Lebenselement auch des Hölderlinschen Werks. Selbst wo er zur Lehre tendiert, hütet er sich vor dem, was Hegel noch Fichte vorwarf, dem bloßen »Spruch«. Die von philologischen Kommentatoren wie Beissner[89]) bemerkte, mit Heideggers Erläuterungen unvereinbare dialektische Struktur der Hymnen ist weder bloß poetisches Formprinzip noch Anpassung an die philo-

[88]) Kant, Kritik der reinen Vernunft, ed. Valentiner, Leipzig 1913, S. 405.
[89]) Vgl. Hölderlin, WW 2, S. 439.

sophische Doktrin. Sie ist eine von Form wie von Inhalt. Die immanente Dialektik des späten Hölderlin ist, gleich der des zur Phänomenologie reifenden Hegel, Kritik am Subjekt nicht weniger als an der verhärteten Welt, nicht umsonst pointiert gegen jenen Typus subjektiver Lyrik, der seit dem jungen Goethe zur Norm geworden und mittlerweile selber verdinglicht war. Subjektive Reflexion negiert auch die Fehlbarkeit und Endlichkeit des Einzelwesens, die das poetische Ich mitschleppt. Den späten Hymnen ist Subjektivität das Absolute nicht und nicht das Letzte. Jene frevle, wo sie als solches sich aufwirft, während sie doch immanent zur Selbstsetzung genötigt ist. Das ist die Konstruktion der Hybris bei Hölderlin. Sie entstammt dem mythischen Vorstellungskreis, dem der Gleichheit von Verbrechen und Buße, will aber auf Entmythologisierung hinaus, indem sie den Mythos in der Selbstvergottung des Menschen wiederfindet. Verse aus dem ›Quell der Donau‹, welche vielleicht die berühmten des Sophokles variieren, beziehen sich darauf: »Denn vieles vermag / Und die Flut und den Fels und Feuersgewalt auch / Bezwingt mit Kunst der Mensch / Und achtet, der Hochgesinnte, das Schwert / Nicht, aber es steht / Vor Göttlichem der Starke niedergeschlagen, / Und gleichet dem Wild fast«.[90]) Gewiß drückt »Wild« zunächst die Ohnmacht des Einzelwesens gegenüber dem durch seinen Untergang hindurch sich realisierenden Absoluten aus; die Assoziation mit Wildheit aber, die es dichterisch mit sich führt, ist ebenso Prädikat der Gewalt jenes »Hochgesinnten«, welcher Natur mit Kunst bezwingt und das »Schwert nicht achtet«: doch wohl als selbst kriegerischer Held. Der fragmentarische Schluß von ›Wie wenn am Feiertage‹ mag fürs Gleiche konzipiert gewesen sein. Der Dichter, genaht, die Himm-

[90]) a.a.O., S. 131.

lischen zu schauen, wird darum zum »falschen Priester«, seine absolute Wahrheit zum Unwahren schlechthin, und er wird ins Dunkel geworfen, sein Lied in die Warnung der »Gelehrigen«, deren Kunst Natur beherrscht, umgewendet[91]), Anamnesis des Einspruchs von Kunst wider die Rationalität. Die Strafe für die Hybris ist der Widerruf der Synthesis aus der Bewegung des Geistes selber. Hölderlin verurteilt das Opfer als geschichtlich überholt und verurteilt dennoch zum Opfer den Geist, der immerzu opfert, was ihm nicht gleicht.

Synthesis war die Losung des Idealismus. Zu diesem rückt die herrschende Ansicht Hölderlin in einfachen Gegensatz unter Berufung auf die mythische Schicht seines Werkes. Wodurch jedoch Hölderlin dem Idealismus absagt, die Kritik an der Synthesis, das entfernt ihn auch vom mythischen Bereich. Wohl versteigt die Strophe vom Abendmahl in ›Patmos‹ sich zur verzweifelten Affirmation des Todes Christi als des Halbgotts: »Denn alles ist gut. Drauf starb er. Vieles wäre / Zu sagen davon.«[92]) Die kahl zusammenfassende Beteuerung »Denn alles ist gut« ist die durch solche Reduktion trostlose Quintessenz des Idealismus. Er hofft, die inkommensurabel fremde Gestalt verstrickten bloßen Daseins, das »Zürnen der Welt«, zu bannen, indem er deren Totalität – »alles« – dem Geiste gleichsetzt, dem sie inkommensurabel bleibt. Die Lehre, es sei der Inbegriff der Verstrickung deren eigener Sinn, kulminiert im Opfer. Die Symbiose des Christlichen und Griechischen in Hölderlins später Lyrik steht unter dessen Zeichen; säkularisierte Hegel das Christentum zur Idee, so siedelte Hölderlin es zurück in die mythische Opferreligion. Die letzte ›Patmos‹-Strophe macht sich zu deren Orakel: »Denn Opfer will der Himmlischen jedes, /

[91]) Vgl. a.a.O., S. 124.
[92]) a.a.O., S. 176.

Wenn aber eines versäumt ward, / Nie hat es Gutes gebracht.«[93]) Daran jedoch heften sich Verse, die, kaum zufällig, Schellings Lehre von den Weltaltern nicht nur, sondern Bachofen zu antizipieren scheinen: »Wir haben gedienet der Mutter Erd / Und haben jüngst dem Sonnenlichte gedient, / Unwissend.«[94]) Diese Verse sind der Schauplatz dialektischen Umschlags. Denn Entmythologisierung ist selber nichts anderes als die Selbstreflexion des solaren Logos, die der unterdrückten Natur zur Rückkunft verhilft, während sie in den Mythen eins war mit der unterdrückenden. Vom Mythos befreit einzig, was ihm das Seine gibt. Die Genesung dessen, woran nach romantisch-mythologisierender These Reflexion die Schuld trug, soll nach deren Hölderlinscher Antithesis gelingen durch Reflexion im strengsten Sinn, dadurch, daß das Unterdrückte ins Bewußtsein aufgenommen, erinnert werde. Die folgenden ›Patmos‹-Zeilen dürften die philosophische Interpretation Hölderlins bündig legitimieren: ». . . der Vater aber liebt, / Der über allen waltet, / Am meisten, daß gepfleget werde / Der feste Buchstab, und Bestehendes gut / Gedeutet«[95]). Nach Sätzen aus ›Wie wenn am Feiertage‹ ist das Opfer abgelöst: »Und daher trinken himmlisches Feuer jetzt / Die Erdensöhne ohne Gefahr.«[96]) Der Abschied des metaphysischen Gehalts Hölderlins vom Mythos vollzieht sich in objektivem Einverständnis mit Aufklärung: »Die Dichter müssen auch / Die geistigen weltlich sein.«[97]) Das ist die volle endliche Konsequenz aus dem jäh intermittierenden »Das geht aber / Nicht.«[98]) Die Erfahrung von der

[93]) a.a.O., S. 180.
[94]) a.a.O.
[95]) a.a.O.
[96]) a.a.O., S. 124.
[97]) a.a.O., S. 164.
[98]) a.a.O., S. 190.

Unrestituierbarkeit jenes Verlorenen, das erst als Verlorenes mit der Aura absoluten Sinnes sich bekleidet, wird zur alleinigen Anweisung auf das Wahre, Versöhnte, den Frieden als den Zustand, über den der Mythos, das alte Unwahre, seine Gewalt verloren hat. Dafür steht bei Hölderlin Christus: »Darum, o Göttlicher! sei gegenwärtig, / Und schöner, wie sonst, o sei, / Versöhnender, nun versöhnt, daß wir des Abends / Mit den Freunden dich nennen, und singen / Von den Hohen, und neben dir noch andere sei'n.«[99]) Das ruft nicht nur mit dem »schöner, wie sonst« das allzeit trügende Gesicht der Vorwelt an. Indem der eingeborene Sohn des Gottes der Theologen kein absolutes Prinzip sein soll, sondern »neben dir noch andere sei'n«, wird mythische Herrschaft über die Mythen, die idealistische des Einen über das Viele, verlassen. Versöhnung ist die des Einen mit dem Vielen. Das ist der Friede: »Und so auch du / Und gönnest uns, den Söhnen der liebenden Erde, / Daß wir, so viel herangewachsen / Der Feste sind, sie alle feiern und nicht / Die Götter zählen. Einer ist immer für alle.«[100]) Versöhnt werden nicht Christentum und Antike; das Christentum ist geschichtlich verurteilt wie diese, als bloß Inwendiges und Ohnmächtiges. Vielmehr soll Versöhnung die reale von Innen und Außen sein oder, ein letztes Mal in idealistischer Sprache ausgedrückt, die von Genius und Natur.

Genius aber ist Geist, sofern er durch Selbstreflexion sich selbst als Natur bestimmt; das versöhnende Moment am Geist, das nicht in Naturbeherrschung sich erschöpft, sondern ausatmet, nachdem der Bann der Naturbeherrschung abgeschüttelt ward, der auch den Herrschenden versteinen macht. Er wäre das Bewußtsein des nichtidentischen

[99]) a.a.O., S. 136.
[100]) a.a.O., S. 136 f.

Objekts. Die Welt des Genius ist, mit Hölderlins Lieblingswort, das Offene und als solches das Vertraute, nicht länger Zugerüstete und dadurch Entfremdete: »So komm! daß wir das Offene schauen, / Daß ein Eigenes wir suchen, so weit es auch ist.«[101]) In jenem »Eigenen« birgt sich das Hegelsche Dabeisein des Subjekts, des Erhellenden; es ist keine urtümliche Heimat. Angerufen wird der Genius in der dritten Fassung des ›Dichtermuts‹, ›Blödigkeit‹: »Drum, mein Genius! tritt nur / Bar ins Leben, und sorge nicht.«[102]) Daß aber der Genius die Reflexion sei, macht die vorhergehende zweite Fassung unmißverständlich. Er ist der Geist des Gesangs, zum Unterschied von dem der Herrschaft; Geist selber sich öffnend als Natur, anstatt diese zu fesseln, darum »friedenatmend«. Offen, gleich dem Erfahrenen, ist auch der Genius: »Denn, seitdem der Gesang sterblichen Lippen sich / Friedenatmend entwand, frommend in Leid und Glück / Unsre Weise der Menschen / Herz erfreute, so waren auch / Wir, die Sänger des Volks, gerne bei Lebenden, / Wo sich vieles gesellt, freudig und jedem hold, / Jedem offen.«[103]) Die Schwelle Hölderlins gegen Mythik und Romantik gleichermaßen ist Reflexion. Der, noch im Einklang mit dem Geist seiner Zeit, ihr die Schuld der Trennung aufbürdete, hat ihrem Organon, dem Wort, sich anvertraut. In Hölderlin kehrt die Geschichtsphilosophie sich um, welche Ursprung und Versöhnung in einfachem Gegensatz dachte zur Reflexion als dem Stand der vollendeten Sündhaftigkeit: »So ist der Mensch; wenn da ist das Gut, und es sorget mit Gaben / Selber ein Gott für ihn, kennet und siehet er es nicht. / Tragen muß er, zuvor; nun aber nennt er sein Liebstes, /

[101]) a.a.O., S. 95.
[102]) a.a.O., S. 70.
[103]) a.a.O., S. 68.

Nun, nun müssen dafür Worte, wie Blumen, entstehn.«[104])
Nie ist erhabener dem Obskurantismus sein Bescheid geworden. Heißt aber der Genius in ›Blödigkeit‹ »bar«, so ist
das jenes Nackte und Ungerüstete, das ihn vom herrschenden Geist unterscheidet. Es ist die Hölderlinsche Signatur
des Dichters: »Drum, so wandle nun wehrlos / Fort durchs
Leben, und fürchte nichts!«[105]) Hat Benjamin an Hölderlin
Passivität als das »orientalische, mystische, Grenzen über-
windende Prinzip«[106]) im Gegensatz zum »griechischen ge-
staltenden Prinzip«[107]) erkannt – und Hölderlins imago
vom Griechentum ist schon im Archipelagus östlicher Farbe, antiklassizistisch bunt, berauscht von Worten wie Asia,
Jonien, Inselwelt –, so tendiert dies mystische Prinzip zur
Gewaltlosigkeit. Sie erst führt, wie es am Schluß der Ben-
jaminschen Abhandlung heißt, »nicht auf den Mythos,
sondern – in den größten Schöpfungen – nur auf die mythischen Verbundenheiten, die im Kunstwerk zu einziger
unmythologischer und unmythischer ... Gestalt geformt
sind«[108]). Daß die mystisch-utopische Tendenz dem späten
Hölderlin nicht imputiert ist, bestätigt die erst 1954 wie-
dergefundene Endfassung der ›Friedensfeier‹, an deren
Vorformen bereits die antimythologische Deutung, und
auch die correspondance mit Hegel, ihre Stütze hat. Die
Hymne versammelt zu den mystischen Motiven das zentrale: das messianische, die Parusie dessen, der »nicht un-
verkündet« ist. Er wird erwartet, gehört der Zukunft an,
denn der Mythos ist was war als das Immergleiche, und
dem entringen sich die »Tage der Unschuld«. Die mythische Schicht erscheint in einer Symbolik des Donners. »Das

[104]) a.a.O., S. 97.
[105]) a.a.O., S. 68.
[106]) Benjamin, Schriften II, a.a.O., S. 398 f.
[107]) a.a.O.
[108]) a.a.O., S. 400.

ist, sie hören das Werk, / Längst vorbereitend, von Morgen nach Abend, jetzt erst, / Denn unermeßlich braust, in der Tiefe verhallend, / Des Donnerers Echo, das tausendjährige Wetter, / Zu schlafen, übertönt von Friedenslauten, hinunter. / Ihr aber, teuergewordne, o ihr Tage der Unschuld, / Ihr bringt auch heute das Fest, ihr Lieben!«[109]) In ungeheurem Bogen wird das solare Zeitalter des Zeus, als naturbefangene Herrschaft über Natur, dem Mythos gleichgesetzt und sein Verhallen in der Tiefe prophezeit, »übertönt von Friedenslauten«. Was anders wäre, heißt Friede, die Versöhnung, welche den Äon der Gewalt nicht wiederum ausrottet, sondern als vergehenden, in der Anamnesis des Widerhalls, errettet. Denn Versöhnung, an der Naturverfallenheit ihr Ende erreicht, ist nicht über Natur als ein schlechthin Anderes, das vermöge seiner Andersheit abermals nur Herrschaft über Natur sein könnte und durch Unterdrückung an ihrem Fluch teilhätte. Was dem Naturstand Einhalt gebietet, ist zu diesem vermittelt, nicht durch ein Drittes zwischen beidem sondern in der Natur selbst. Der Genius, welcher den Kreislauf von Herrschaft und Natur ablöst, ist dieser nicht ganz unähnlich, sondern hat zu ihr jene Affinität, ohne welche, wie Platon wußte, Erfahrung des Anderen nicht möglich ist. Diese Dialektik hat sich sedimentiert in der ›Friedensfeier‹, wo sie genannt und zugleich von der Hybris der naturbeherrschenden Vernunft abgehoben wird, die mit ihrem Gegenstand sich identifiziert und dadurch diesen sich unterwirft. »Des Göttlichen aber empfingen wir / Doch viel. Es ward die Flamme uns / In die Hände gegeben, und Ufer und Meersflut. / Viel mehr, denn menschlicher Weise / Sind jene mit uns, die fremden Kräfte, vertrauet. / Und es lehret Gestirn dich, das / Vor Augen dir ist, doch nimmer

---

[109]) Hölderlin, WW 3, a.a.O., S. 428.

kannst du ihm gleichen.«[110]) Zum Zeichen der Versöhnung
des Genius jedoch steht ein, daß ihm, dem nicht länger in
sich verhärteten, gegen die mythische schlechte Unendlich-
keit Sterblichkeit zugesprochen wird: »So vergehe denn
auch, wenn es die Zeit einst ist / Und dem Geiste sein
Recht nirgend gebricht, so sterb / Einst im Ernste des Lebens / Unsre Freude, doch schönen Tod!«[111]) Genius ist
selber auch Natur. Sein Tod »im Ernste des Lebens« – das
wäre das Erlöschen der Reflexion, und der Kunst mit ihr,
im Augenblick, da die Versöhnung aus dem Medium des
bloß Geistigen übergeht in die Wirklichkeit. Die metaphysische Passivität als Gehalt der Hölderlinschen Dichtung
verschränkt sich wider den Mythos mit der Hoffnung auf
eine Realität, in welcher die Menschheit jenes Bannes der
eigenen Naturbefangenheit ledig wäre, der in ihrer Vorstellung vom absoluten Geiste sich spiegelte: »Denn nicht
vermögen / Die Himmlischen alles. Nämlich es reichen /
Die Sterblichen eh an den Abgrund. Also wendet es sich,
das Echo, / Mit diesen.«[112])

[110]) a.a.O., S. 429.
[111]) Hölderlin, WW 2, a.a.O., S. 69.
[112]) a.a.O., S. 204.

Druckachweise

Titel. Paraphrasen zu Lessing. Gedruckt in: *Akzente* 1962, Heft 3.

Zu einem Porträt Thomas Manns. Vortrag bei Eröffnung der Darmstädter Ausstellung, 24. März 1962. Gedruckt in: *Die Neue Rundschau*, 73. Jahrgang 1962, Heft 2/3.

Bibliographische Grillen. Entstanden aus einer Glosse in der Frankfurter Allgemeinen Zeitung vom 16. Oktober 1959, gedruckt in: *Akzente* 1963, Heft 6. Erweitert.

Rede über ein imaginäres Feuilleton. Gehalten im Schweizerischen Radio, Zürich, 24. Februar 1963, gedruckt in: *Süddeutsche Zeitung*, 13./15. April 1963.

Sittlichkeit und Kriminalität. Zum 11. Band der Werke von Karl Kraus. Entstanden aus einer kurzen Anzeige im ›Spiegel‹ vom 3. August 1964. Unveröffentlicht.

Der wunderliche Realist. Über Siegfried Kracauer. Vortrag im Hessischen Rundfunk, 7. Februar 1964, gedruckt in: *Neue Deutsche Hefte*, September/Oktober 1964, Heft 101.

Engagement. Vortrag im Radio Bremen, 28. März 1962, unter dem Titel ›Engagement oder künstlerische Autonomie‹; gedruckt in: *Die Neue Rundschau*, 73. Jahrgang 1962, Heft 1.

Voraussetzungen. Vortrag, aus Anlaß einer Lesung von Hans G. Helms, Köln, 27. Oktober 1960. Publiziert in: *Akzente* 1961, Heft 5.

Parataxis. Zur späten Lyrik Hölderlins. Vortrag auf der Jahresversammlung der Hölderlin-Gesellschaft, Berlin, 7. Juni 1963. Die erweiterte Fassung erstmals publiziert in: *Neue Rundschau*, 75. Jahrgang 1964, Heft 1.

Vom selben Verfasser

Kierkegaard, Konstruktion des Ästhetischen, Tübingen 1933
Neue, um eine Beilage erweiterte Ausgabe, Frankfurt 1962

Philosophie der neuen Musik
Tübingen 1949, 2. Aufl. Frankfurt 1958

Minima Moralia. Reflexionen aus dem beschädigten Leben
Berlin und Frankfurt 1951, 3. Aufl. Frankfurt 1965

Versuch über Wagner. Berlin und Frankfurt 1952
Taschenbuchausgabe Knaur München/Zürich 1964

Prismen. Kulturkritik und Gesellschaft. Frankfurt 1955
Taschenbuchausgabe dtv, München 1963

Dissonanzen. Musik in der verwalteten Welt
Göttingen 1956, 3., erweiterte Aufl. 1963

Zur Metakritik der Erkenntnistheorie.
Studien über Husserl und die phänomenologischen Antinomien
Stuttgart 1956

Noten zur Literatur I
Frankfurt 1958, 4. Aufl. 1963 · Bibliothek Suhrkamp Bd. 47

Noten zur Literatur II
Frankfurt 1961, 2. Aufl. 1963 · Bibliothek Suhrkamp Bd. 71

Klangfiguren. Musikalische Schriften I
Berlin und Frankfurt 1959

Mahler. Eine musikalische Physiognomik
Frankfurt 1960, 2. Aufl. 1964 · Bibliothek Suhrkamp Bd. 61

Einleitung in die Musiksoziologie. Zwölf theoretische Vorlesungen
Frankfurt 1962

Eingriffe. Neun kritische Modelle
Frankfurt 1963, 2. Aufl. 1963 · edition suhrkamp 10

Drei Studien zu Hegel
Frankfurt 1963 · edition suhrkamp 38

Der getreue Korrepetitor.
Lehrschriften zur musikalischen Praxis
Frankfurt 1963

Quasi una fantasia. Musikalische Schriften II
Frankfurt 1963

Moments musicaux. Neu gedruckte Aufsätze 1928–1962
Frankfurt 1964 · edition suhrkamp 54

Jargon der Eigentlichkeit.
Zur deutschen Ideologie
Frankfurt 1964 · edition suhrkamp 91

Max Horkheimer und Th. W. Adorno:

Dialektik der Aufklärung. Philosophische Fragmente
Amsterdam 1947

Sociologica II. Reden und Vorträge. Frankfurt 1962

In englischer Sprache:

The Authoritarian Personality by Th. W. Adorno,
Else Frenkel-Brunswik, Daniel J. Levinson,
R. Nevitt Sanford (Studies in Prejudice, edited
by Max Horkheimer and Samuel H. Flowerman,
Volume I), New York 1950

Bibliothek Suhrkamp

1 Hermann Hesse, Die Morgenlandfahrt. *Erzählung*
2 Walter Benjamin, Berliner Kindheit um Neunzehnhundert
3 R. A. Schröder, Der Wanderer und die Heimat. *Erzählung*
4 Bertolt Brechts Hauspostille
5 Herbert Read, Wurzelgrund der Kunst. *Vier Vorträge*
6 Paul Valéry, Tanz, Zeichnung und Degas
7 C. F. Ramuz, Der junge Savoyarde. *Roman*
8 Max Frisch, Bin oder Die Reise nach Peking. *Erzählung*
9 Ernst Penzoldt, Die Portugalesische Schlacht. *Komödie*
10 T. S. Eliot, Old Possums Katzenbuch. *Zweisprachig*
11 Palinurus, Das Grab ohne Frieden. *Aufzeichnungen*
12 Rudolf Borchardt, Villa und andere Prosa *(Vergriffen)*
13 Raymond Radiguet, Der Ball des Comte d'Orgel. *Roman*
14 Richard Hughes, Das Walfischheim. *Märchen*
15 Gedichte des Konstantin Kavafis
16 Günter Eich, Träume. *Vier Spiele*
17 C. F. Ramuz, Erinnerungen an Igor Strawinsky *(Vergriffen)*
18 Gotthard Jedlicka, Pariser Tagebuch. *Aufzeichnungen*
19 Jean Giraudoux, Eglantine. *Roman*
20 Anna Seghers, Aufstand der Fischer von St. Barbara
21 T. S. Eliot, Der Privatsekretär. *Komödie*
22 Dámaso Alonso, Söhne des Zorns. *Gedichte*
23 Jugendbildnis Alain-Fournier. *Briefe*
24 Wjatscheslaw Iwanow, Das Alte Wahre. *Essays*
25 Ernst Penzoldt, der dankbare Patient. *Ein Brevier*
26 Monique Saint-Hélier, Quick. *Erzählung*
27 Walter Benjamin, Einbahnstraße
28 Ernst Robert Curtius, Marcel Proust. *Essay*
29 G. B. Shaw, Ein Negermädchen sucht Gott
30 E. M. Forster, Ansichten des Romans
31 William Goyen, Zamour und andere Erzählungen
32 Richard Hughes, Hurrikan im Karibischen Meer
33 Bertolt Brechts Gedichte und Lieder
34 Hugo Ball, Hermann Hesse. Sein Leben und sein Werk
35 Wilhelm Lehmann, Bewegliche Ordnung. *Aufsätze*

36 Antonio Machado, Juan de Mairena
37 Peter Suhrkamp, Munderloh. *Fünf Erzählungen*
38 Ivo Andric, Der verdammte Hof. *Erzählung*
39 Oskar Loerke, Anton Bruckner *(Vergriffen)*
40 Ezra Pound, ABC des Lesens
41 Bertolt Brecht, Schriften zum Theater
42 G. B. Shaw, Musik in London. *Kritiken*
43 Hermann Hesse, Klein und Wagner. *Erzählung*
44 Sherwood Anderson, Winesburg, Ohio. *Roman*
45 Julien Green, Der andere Schlaf *(Vergriffen)*
46 Ernst Penzoldt, Squirrel
47 Theodor W. Adorno, Noten zur Literatur I
48 Harold Nicolson, Die Kunst der Biographie und andere Essays
49 Hans Erich Nossack, Unmögliche Beweisaufnahme
50 Ramon Pérez de Ayala, Artemis. *Zwei Novellen*
51 Marguerite Duras, Moderato Cantabile. *Roman*
52 Karl Krolow, Fremde Körper. *Neue Gedichte*
53 Paul Valéry, Über Kunst. *Essays*
54 Ernst Bloch, Spuren. *Parabeln*
55 Peter Suhrkamp, Der Leser. *Reden und Aufsätze*
56 William Faulkner, Der Bär. *Erzählung*
57 Robert Walser, Prosa
58 Wladimir Majakowski, Mysterium buffo und andere Stücke
59 Virginia Woolf, Granit und Regenbogen. *Essays*
60 Rafael Alberti, Zu Lande zu Wasser. *Gedichte. Zweisprachig*
61 Theodor W. Adorno, Mahler. *Monographie*
62 Truman Capote, Die Grasharfe. *Roman*
63 Bertolt Brecht, Flüchtlingsgespräche
64 André Gide, Paludes. *Satire*
65 Hermann Hesse, Schön ist die Jugend. *Erzählungen*
66 Henry Green, Schwärmerei. *Roman*
67 Hamza Humo, Trunkener Sommer. *Erzählung*
68 William Goyen, Haus auch Hauch. *Roman*
69 Ramon José Sender, Der Verschollene. *Roman*
70 Giuseppe Ungaretti, Gedichte
71 Theodor W. Adorno, Noten zur Literatur II
72 Hans Erich Nossack, Nekyia. *Ein Bericht*
73 Jean Giraudoux, Simon. *Roman*
74 Wenjamin Kawerin, Unbekannter Meister. *Erzählung*
75 Hermann Hesse, Knulp. *Erzählung*
76 William Carlos Williams, Gedichte. *Zweisprachig*

77 Ernst Bloch, Thomas Münzer. *Monographie*
78 Ernst Penzoldt, Prosa eines Liebenden
79 Joseph Roth, Beichte eines Mörders. *Roman*
80 William Faulkner, Wilde Palmen. *Erzählung*
81 Bertolt Brecht, Geschichten
82 Samuel Beckett, Erzählungen und Texte um Nichts
83 Marcel Proust, Gegen Sainte-Beuve. *Essays*
84 Wolfgang Hildesheimer, Lieblose Legenden
85 Ernst Bloch, Verfremdungen I
86 G. B. Shaw, Sechzehn selbstbiographische Skizzen
87 Max Frisch, Homo faber. *Ein Bericht*
88 Maurice Blanchot, Die Frist. *Ein Bericht*
89 Maxim Gorki, Erinnerungen an Zeitgenossen
90 Robert Musil, Aus den Tagebüchern
91 F. Scott Fitzgerald, Der letzte Taikun. *Roman*
92 Hermann Broch, Pasenow oder die Romantik. *Roman*
93 Giuseppe Ungaretti, Reisebilder
94 Osip Mandelstam, Die ägyptische Briefmarke
95 Hermann Hesse, Demian
96 Cesare Pavese, Die Verbannung. *Erzählung*
97 Franz Kafka, Er. *Ausgewählte Prosa*
98 Samuel Beckett, Glückliche Tage und andere Stücke
99 Pablo Neruda, Gedichte. *Zweisprachig*
100 Peter Suhrkamp, Briefe an die Autoren
101 Max Frisch, Andorra. *Stück in zwölf Bildern*
102 Elio Vittorini, Im Schatten des Elefanten
103 William Faulkner, Als ich im Sterben lag. *Roman*
104 Arno Schmidt, Leviathan. *Erzählungen*
105 Hans Henny Jahnn, 13 nicht geheure Geschichten
106 Gershom Scholem, Judaica. *Essays*
107 Siegfried Kracauer, Ginster. *Roman*
108 Jean Giraudoux, Juliette im Lande der Männer. *Roman*
109 Marguerite Duras, Der Nachmittag des Herrn Andesmas
110 César Vallejo, Gedichte. *Zweisprachig*
111 Cesare Pavese, Junger Mond. *Roman*
112 Hugo von Hofmannsthal, Florindo
113 Albert Camus, Der Fall. *Roman*
114 Oskar Loerke, Gedichte
115 Maxim Gorki, Italienische Märchen
116 Kateb Yacine, Nedschma. *Roman*
117 Hans Erich Nossack, Interview mit dem Tode

118 Samuel Beckett, Wie es ist
119 André Gide, Corydon
120 Ernst Bloch, Verfremdungen II. *Geographica*
121 William Golding, Die Erben
122 Saint-John Perse, Winde. *Zweisprachig*
123 Miroslav Krleza, Beisetzung in Theresienburg
124 Italo Calvino, Erzählungen
125 Daniel Watton, Der Feldzugsplan. *Roman*
126 Jaroslaw Iwaszkiewicz, Der Höhenflug
127 Jurij Olescha, Neid. *Roman*
128 Virginia Woolf, Die Wellen. *Roman*
129 Henry Green, Lieben. *Roman*
130 T. S. Eliot, Gedichte. *Zweisprachig*
131 Sigmund Freud, Der Mann Moses und die monotheistische Religion
132 William Goyen, Savata
133 Ramon José Sender, Requiem für einen spanischen Landmann
134 Claude Simon, Das Seil
135 Günter Eich, In anderen Sprachen. *Vier Hörspiele*
136 Elio Vittorini, Die rote Nelke
137 Yasushi Inoue, Das Jagdgewehr
139 Maurice Blanchot, Warten Vergessen
140 Bertolt Brecht, Dialoge aus dem Messingkauf
141 Karl Kraus, Sprüche und Widersprüche
142 Alain-Fournier, Der große Meaulnes
143 Knut Hamsun, Hunger. *Roman*
145 Nathalie Sarraute, Martereau. *Roman*
146 Theodor W. Adorno, Noten zur Literatur III
147 Raymond Radiguet, Den Teufel im Leib. *Roman*
148 Raymond Queneau, Stilübungen